Djamel Mouhoub

L'islam et la laïcité au Québec

Djamel Mouhoub

L'islam et la laïcité au Québec

Le cas des immigrants algériens à Montréal

Presses Académiques Francophones

Mentions légales / Imprint (applicable pour l'Allemagne seulement / only for Germany)
Information bibliographique publiée par la Deutsche Nationalbibliothek: La Deutsche Nationalbibliothek inscrit cette publication à la Deutsche Nationalbibliografie; des données bibliographiques détaillées sont disponibles sur internet à l'adresse http://dnb.d-nb.de.
Toutes marques et noms de produits mentionnés dans ce livre demeurent sous la protection des marques, des marques déposées et des brevets, et sont des marques ou des marques déposées de leurs détenteurs respectifs. L'utilisation des marques, noms de produits, noms communs, noms commerciaux, descriptions de produits, etc, même sans qu'ils soient mentionnés de façon particulière dans ce livre ne signifie en aucune façon que ces noms peuvent être utilisés sans restriction à l'égard de la législation pour la protection des marques et des marques déposées et pourraient donc être utilisés par quiconque.

Photo de la couverture: www.ingimage.com

Editeur: Presses Académiques Francophones est une marque déposée de
Südwestdeutscher Verlag für Hochschulschriften GmbH & Co. KG
Heinrich-Böcking-Str. 6-8, 66121 Sarrebruck, Allemagne
Téléphone +49 681 37 20 271-1, Fax +49 681 37 20 271-0
Email: info@presses-academiques.com

Produit en Allemagne:
Schaltungsdienst Lange o.H.G., Berlin
Books on Demand GmbH, Norderstedt
Reha GmbH, Saarbrücken
Amazon Distribution GmbH, Leipzig
ISBN: 978-3-8381-7068-8

Imprint (only for USA, GB)
Bibliographic information published by the Deutsche Nationalbibliothek: The Deutsche Nationalbibliothek lists this publication in the Deutsche Nationalbibliografie; detailed bibliographic data are available in the Internet at http://dnb.d-nb.de.
Any brand names and product names mentioned in this book are subject to trademark, brand or patent protection and are trademarks or registered trademarks of their respective holders. The use of brand names, product names, common names, trade names, product descriptions etc. even without a particular marking in this works is in no way to be construed to mean that such names may be regarded as unrestricted in respect of trademark and brand protection legislation and could thus be used by anyone.

Cover image: www.ingimage.com

Publisher: Presses Académiques Francophones is an imprint of the publishing house
Südwestdeutscher Verlag für Hochschulschriften GmbH & Co. KG
Heinrich-Böcking-Str. 6-8, 66121 Saarbrücken, Germany
Phone +49 681 37 20 271-1, Fax +49 681 37 20 271-0
Email: info@presses-academiques.com

Printed in the U.S.A.
Printed in the U.K. by (see last page)
ISBN: 978-3-8381-7068-8

INTRODUCTION

L'influence des pays industriels, notamment par leur dynamique économique, politique et sociale avancée, a incité des milliers de personnes du Sud à s'installer dans ces sociétés d'accueil. Le Canada est parmi les pays les plus ouverts dans le domaine de l'immigration. Le Québec reçoit surtout une immigration sélectionnée maîtrisant la langue française. Au Québec, les immigrants algériens sont estimés à 29,515 personnes. (Ministère de l'Immigration et des Communautés culturelles, 2006). En raison de leur culture francophone héritée du colonialisme français, plusieurs Algériens ont choisi le Québec comme terre d'immigration. La majorité des Algériens s'installe à Montréal. Dès leur premier contact avec la société d'accueil, ils se caractérisent par la spécificité de leur culture amazigho-arabe[1] et de leur tradition religieuse par rapport à la culture d'une société d'accueil démocratique et laïque, laquelle opère une nette séparation entre le politique et le religieux.

La problématique relative à l'islam et sa compatibilité avec la laïcité a récemment émergé au Québec et représente l'un des thèmes importants qui ont préoccupé l'élite algérienne et québécoise, mais aussi par tous ceux qui s'intéressent aux rapports entre religions et politique dans les sociétés de droit. Le rapport entre l'islam et la laïcité au Québec recouvre des aspects culturels, sociaux, politiques et juridiques. Cela se révèle particulièrement dans les débats entourant la manifestation publique de l'appartenance religieuse qui soulève, il faut bien le reconnaître, plus d'inquiétude quand il s'agit de musulmans, notamment dans la problématique des accommodements raisonnables (port du voile, demande de locaux de prière, etc.).

---

[1] Selon Ibn Khaldoun, le mot amazigh se référencie à l'ancêtre « Mazigh », qui désigne l'homme libre. Les tribus amazighes se sont répartis notamment dans l'Afrique du Nord depuis des milliers d'années. Dans la culture gréco-romaine, les amazighs avaient été appelés « berbères », une expression qui désigne l'étranger à la cité. Leur islamisation par les arabes venus de la péninsule arabique et leur contribution à la propagation de la nouvelle religion représentent un des faits les plus considérables de l'histoire du Maghreb.

Au Québec, la religion n'est plus le vecteur dominant dans la vie des individus et de la société depuis la Révolution tranquille. Nombre d'institutions aujourd'hui laïques avaient été mises en place autrefois par les communautés religieuses (comme les écoles et les hôpitaux) et cette situation privilégiée leur a permis d'exercer une influence sur le fonctionnement de la société, tant sur le plan politique, économique que social (Lemieux et Montminy, 2000). Pour plusieurs immigrants algériens, la religion est présente dans leur vie et ancrée dans l'histoire et la culture de la société d'origine. De même, l'islam est souvent, en Algérie, la source et la référence de certaines législations en matière politique, économique et sociale, même si le politique est laïc.

Nous nous pencherons dans ce mémoire sur les modalités d'adaptation et les sources de tension chez les musulmans algériens (qui se déclarent croyants ou incroyants), et ce entre leur système de références islamiques et les principes laïques québécois (les incroyants peuvent conserver des principes et des valeurs issues des références islamiques, même s'ils déclarent les vivre de façon sécularisée).

CHAPITRE I

PROBLÉMATIQUE ET QUESTION DE RECHERCHE

1.1 La problématique

Les immigrants algériens à Montréal se retrouvent dans un univers culturel et juridique non islamique, ce qui les oblige à se confronter et se conformer aux valeurs sécularisées et aux lois laïques qui régissent la vie politique et socio-économique de la société d'accueil. Toute la sphère publique, comme les institutions étatiques ainsi que les multiples organisations de la société civile, est régie par les principes et les valeurs laïques qui peuvent paraître à certains musulmans incompatibles avec les principes et les valeurs de l'islam. Cela nous amène à vouloir saisir et interpréter l'attitude des Algériens à Montréal lorsque naît une contradiction entre les valeurs islamiques proclamées et les valeurs laïques vécues.

Ali Daher, qui a mené une recherche approfondie auprès des dirigeants de la communauté musulmane à Montréal, cerne deux pistes par lesquelles les musulmans tentent de trouver une voie d'intégration à la société québécoise tout en ne reniant pas leur appartenance religieuse. Dans un premier cas de figure, le musulman tente de trouver l'aménagement approprié afin qu'il puisse s'intégrer harmonieusement à la société d'accueil. Pour cela, il doit effectuer des recherches à partir des deux sources de la *Charia*, le *Coran* et la tradition prophétique pour définir la solution souhaitée. C'est un effort d'interprétation déployé d'une façon autonome, autorisé par certaines écoles juridiques islamiques (Daher, 1999, p. 10). Cependant, cette méthode exige d'amples connaissances des sciences islamiques, notamment dans le domaine juridique, sans oublier les circonstances de l'environnement social dans lequel on vit. Le deuxième cas de figure, selon Daher, consiste à chercher la clef de la solution auprès des leaders et des autorités religieuses qui détiennent l'orientation et le commandement de la population musulmane (Daher, 1999, p. 10). Mais selon l'auteur, l'une et l'autre voie comportent des limites importantes et risquent de maintenir les musulmans à l'intérieur d'un cercle fermé sur eux-mêmes, en optant seulement pour ce qui est interprété comme « autorisé » en terre non musulmane.

On sait bien que dans l'islam, le monde est conçu à partir du découpage classique élaboré par les écoles de la jurisprudence musulmane. Le monde est divisé en deux pôles : *dar al-islam*, soit la demeure de l'islam ou de la paix, et *dar al-kufr*, qui signifie la demeure de l'incrédulité. Et ce dernier se subdivise aussi en deux parties, *dar al-harb*, signifie la demeure ou territoire de la guerre, et *dar al-solh*, qui désigne la demeure de la trêve.

Concernant cette vision du monde, comment la population algérienne à Montréal traduit-elle sa perception de l'Autre dans un monde *dar al-kufr* ? Est-ce qu'il s'agit d'une position d'hostilité, de neutralité ou bien de compatibilité avec l'Autre? Pour le penseur musulman Ramadan, qui vient souvent prononcer des conférences à Montréal (1999), ce découpage s'inscrit dans une lecture qui date du dixième et du onzième siècle, liée à la situation géostratégique de cette époque. Aujourd'hui les choses ont changé. La notion de *dar al-harb*[2] n'existerait plus dans le contexte moderne. Mais en est-il ainsi dans l'imaginaire des musulmans? Il faut noter que ce découpage classique des savants musulmans a été forgé par les spécialistes de l'*ijtihad*[3] et n'est de source

---

[2] Une conception qui désigne la demeure de la guerre. Ce sont les circonstances de l'époque classique qui ont poussé les juristes musulmans à forger ce découpage. Ils ont divisé le monde en deux régions: *dâr al-islâm* (la terre de l'islam) où les musulmans sont dominants et où les lois de la *charia* sont appliquées, et *dâr al-kufr* (la terre de l'incrédulité), une zone géographique non musulmane non sécurisée. La deuxième demeure contient *dâr al-`ahd* (la terre de pacte), une sphère non musulmane concluant des traités, des pactes et des trêves de paix avec les musulmans majoritaires, et *dar al-harb*, (la terre de la guerre), qui désigne une terre d'incrédulité ne reconnaissant ni pactes ni trêves avec *dâr al-islâm*.
[3] Un effort d'adaptation intellectuel déployé par les savants musulmans qui interprètent les textes fondateurs de l'islam dans le but de trouver des solutions rectifiant ou annulant des avis juridiques

4

ni coranique ni de la tradition prophétique. Pour cette raison, il propose à la place de *dar al-harb*, un autre univers appelé *dar al-chahada* qui signifie demeure de témoignage (Ramadan, 1999, p. 204). Si nous évoquons ici Ramadan, c'est parce qu'il bénéficie à Montréal, entre autres, d'un large auditoire parmi les musulmans et qu'il exerce une certaine influence sur la perception de ceux-ci relativement à leur conception de l'intégration.

Au cours de ces dernières années, l'islam, en tant que marqueur d'une identité, est devenu un thème d'actualité sur presque toute la scène mondiale. Au Québec comme ailleurs, l'affichage public de l'identité religieuse des immigrants musulmans a suscité la controverse tant chez des décideurs, dans des analyses scientifiques que dans la presse et les émissions télévisées ou radiophoniques. Pour les uns, le modèle laïque québécois comporte des difficultés pour l'intégration des immigrants musulmans qui, en dépit de celles-ci, réaffirment explicitement leur identité islamique par une pratique religieuse plus forte que la moyenne de la population. Les données de Statistique Canada (1998) attestent d'un degré de religiosité déclarée des musulmans plus élevé que la moyenne nationale. Ainsi, la moitié des immigrants des années 1990 disaient fréquenter régulièrement un lieu de culte comparativement à 20% des immigrés d'origine européenne, 40% des immigrés arabes toutes périodes d'arrivée confondues et 31% des natifs adultes canadiens (Helly, 2004).

Cette situation est le signe, pour d'autres, que la religion influence ses adeptes au point d'entraver leur intégration. Cette construction identitaire, parfois accentuée par des réactions d'hostilité venant de la population, représente pour certains musulmans au Québec, un lieu de refuge alors que le processus d'intégration, surtout économique, s'avère difficile au sein de la nouvelle société. Les médias font souvent un amalgame entre l'identité islamique et l'islamisme, comme si le fait d'afficher sa religion dans un contexte séculier était l'indicateur d'une radicalisation de son

---

anciens et instaurer de nouvelles juridictions qui répondent aux nouvelles circonstances qui peuvent existées.

appartenance islamique. Dans cette perspective, est-ce que l'identité religieuse des Algériens d'origine musulmane du Canada et du Québec se décline à l'identique ou différemment par rapport à l'identité religieuse de la société d'origine? Comment peut-on percevoir les manifestations identitaires des immigrants algériens dans le contexte d'interaction entre musulman et non musulman dans la société québécoise?

1.2 Questions de recherche et hypothèses

Nous posons la question suivante :

Comment les immigrants algériens de Montréal, qui se déclarent musulmans, vivent-ils leur intégration, entre les principes de l'islam et les valeurs laïques dans la société québécoise?

Questions secondaires

1. Comment ces immigrants parviennent-ils à respecter les principes de la *charia* (le droit islamique) tout en respectant le droit positif laïc au Québec?

   Il s'agit ici de voir comment ils tentent de rester fidèles aux principes de la *charia* (perçue de manière globale, et non détaillée, ce qui serait une tout autre étude) tout en respectant les droits positifs dans un Québec laïque. Il s'agit également de voir s'il y a des résistances aux lois laïques ou à l'inverse une critique à l'égard des normes de l'islam. Comme les attitudes ne sont certainement pas uniformes chez tous les musulmans algériens, nous voulons identifier les différentes réactions possibles dans la tentative de concilier ces deux univers culturels. Les musulmans sont souvent perçus comme indifférents aux droits de l'homme. Voient-ils une compatibilité ou une adaptabilité entre les droits de l'homme et les lois islamiques?

6

2. Pour ceux qui sont croyants et pratiquants, est-ce que la volonté de préserver leur attachement à l'islam peut représenter une entrave à leur intégration?

Se pose ici la question du degré d'adhésion aux préceptes islamiques. Il s'agit de cerner s'il y a sélection, réinterprétations, adaptations des principes considérés par les répondants comme issus du référentiel islamique, mais aussi, quelles sont leurs perceptions, leur compréhension de l'intégration sociale et politique.

Notre étude est concentrée plus précisément dans la ville de Montréal, une région où s'installe la majorité de ces immigrants algériens musulmans

Les hypothèses de recherche

L'hypothèse principale : en général, la population d'origine algérienne attachée à l'islam à Montréal s'intègre dans la société d'accueil, tout en conciliant sa tradition musulmane avec le droit positif et les règles de fonctionnement à fondement séculier.

L'hypothèse secondaire : en cas de difficultés dans la tentative de concilier ces deux univers normatifs, les Algériens d'origine musulmane attachés à l'islam peuvent s'adapter à la nouvelle vie en se référant à d'autres moyens et dispositions d'adaptation, comme (*Ijmaa*) consensus, raisonnement par analogie (*Al-Kiyas*) ou (*l'Ijtihad*) effort d'adaptation, suivant le contexte dans lequel on vit.

CHAPITRE II

CADRE THEORIQUE ET CONCEPTUEL

Comme le facteur religieux joue un rôle capital dans notre étude, nous avons choisi deux théories qui nous permettent de définir la religion, ses effets et ses fonctions sociologiques. Il s'agit des théories de Peter L. Berger et de Clifford Geertz. Nous avons considéré que ces deux théories nous fournissent un cadre pour concevoir le rapport aux références religieuses au sein des immigrants algériens qui se réfèrent, dans plusieurs aspects de leur quotidien, à la tradition religieuse (selon nos observations qui seront à vérifier par les entrevues).

2.1 Les théories de la religion

2.1.1 La théorie de Peter L. Berger : la construction sociale de la réalité

Selon Berger (1971), qui a élaboré sa théorie avec Luckmann, la construction sociale de la réalité est une thèse dialectique qui permet de définir la religion comme un système de significations donnant une légitimation afin de traduire le comportement des individus et des sociétés. Berger définit la société comme étant un phénomène produit par l'homme.

> La société est un phénomène dialectique en tant qu'elle est un produit humain, et rien d'autre qu'un produit humain, qui ne cesse de réagir sur lui qui l'a produite (Berger, 1971, p. 24).

8

Il identifie trois moments dans ce processus dialectique (Berger, 1971, p. 25), inspirés par les trois auteurs classiques de la sociologie que sont Marx, Durkheim et Weber. D'abord, l'extériorisation consiste en l'effusion de l'être humain dans le monde par l'identification de ses actions qui se réalisent à partir de ses idées, c'est-à-dire qu'il a pu traduire ses idées en un produit visible, prenant une forme matérielle ou symbolique. L'objectivisation est le deuxième moment de l'action de l'être humain. Cette phase se traduit par l'indépendance et l'autonomie du produit matérialisé entraîné par le moment (extériorisation) pour devenir un fait social (objectivé), indépendant de la personne qui l'a produit. Enfin, l'intériorisation suppose que les individus s'approprient subjectivement les faits sociaux objectifs de la société. Berger a démontré que les trois phases du processus dialectique fonctionnent simultanément (mais non chronologiquement) dans un état instable.

> L'extériorisation fait que la société est un produit humain. Par l'objectivisation de la société devient une réalité sui generis. C'est grâce à l'intériorisation que l'homme est un produit de la société (Berger, 1971, p. 26).

En effet, la théorie de Berger dans ce sens nous paraît pertinente pour notre étude qui s'intéresse à la relation entre l'individu et la société et l'influence exercée dans ce contexte de part et d'autre. Les immigrants, par exemple, subissent nécessairement une influence en tant que minorité dans la société d'accueil qui exerce un pouvoir dominant en véhiculant des informations, des attitudes, des comportements et des valeurs, etc., ce qui les oriente vers une nouvelle construction ou une déconstruction sociale de ce qu'ils ont intériorisé dans leur société d'origine. C'est un processus de transformation des informations, des idées et des produits par réaction au sein d'une relation établie entre le monde objectif et la conscience subjective. Mais les Algériens contribuent aussi à la construction de la société québécoise, par le processus d'extériorisation d'éléments subjectifs provenant de leur culture d'origine. Ainsi, Berger soulève un point très important lors de ses analyses en ce qui a trait à l'idée de l'intervention de la phase d'intériorisation. L'importance de la socialisation telle que perçue chez les immigrants de première génération s'inscrit dans cette foulée. C'est cette socialisation qui assure la transmission de l'héritage symbolique et matériel

9

familial et culturel aux générations montantes. Cela dit, l'aspect construit de la religion échappe en général aux individus.

2.1.2 La théorie de Clifford Geertz : la religion comme système culturel

Comme notre étude insiste sur deux composantes, la religion et la culture qui jouent un rôle important dans les représentations de plusieurs Algériens à Montréal, nous avons choisi la théorie de Geertz qui est, en partie, un point d'intersection de la théorie durkheimienne sur la nature du sacré et la compréhension religieuse wébérienne. Cette théorisation de Geertz est très utile afin d'éclairer l'attitude des Algériens à Montréal qui se réfèrent souvent aux interprétations traditionnelles de la religion par des symboles et des significations dans le but d'affirmer leur identité au sein d'une société québécoise sécularisée non musulmane.

2.1.2.1 Définition de la religion chez Geertz

Selon Geertz, la religion se définit comme un système culturel représenté par un ensemble de symboles et de significations forgés par les humains.

> La religion est un système de symboles qui agit de manière à susciter chez les hommes des motivations et des dispositions puissantes, profondes et durables, en formulant des conceptions d'ordre général sur l'existence et en donnant à ces conceptions une telle apparence de réalité que ces motivations et ces dispositions semblent ne s'appuyer que sur le réel. (Geertz, 1972, p. 23).

L'aspect symbolique est fondamental chez Geertz : les symboles dans une culture permettent de saisir la réalité et forgent, selon Geertz, un modèle culturel.

> C'est un processus social et psychologique qui donne une forme au comportement d'une société (Geertz, 1972, p. 25).

Selon l'auteur, les symboles signifient :

des formulations tangibles de notions, d'abstractions issues de l'expérience et fixées dans des formes perceptibles, l'incarnation d'idées, d'attitudes, de jugements, de désirs ou de croyances (Geertz, 1972, p. 24).

Les symboles religieux expriment une conformité fondamentale entre un style de vie et une métaphysique particulière. Les symboles sacrés permettent le lien entre une vision du monde et l'expérience de telle façon que l'un légitime l'autre. La structure du monde est vraie, car elle est expérimentée dans l'action et qu'elle est régie par la structure du monde (Geertz, 1972).

> Le rôle des symboles religieux est donc de relier ethos [centré sur l'action] et vision du monde de telle façon qu'ils se confirment mutuellement. Ces symboles permettent de croire à une vision du monde et de justifier un ethos, tout simplement en invoquant chacune de ces deux sphères pour soutenir l'autre (Geertz, 1992, p. 112).

D'après Geertz, l'être humain possède deux sources d'informations. L'une est intérieure à soi comme un patrimoine génétique. La seconde est extérieure, c'est-à-dire qu'elle fait référence à l'information provenant par la société et :

> à la réalité sociale et psychologique, à la fois en se moulant sur elle et en la moulant sur eux (Geertz, 1972, p. 26).

Geertz affirme que chaque symbole est constitué de deux aspects. Le « modèle de » la réalité signifie l'importance de la religion et le service qu'elle offre aux croyants, aux individus et aux groupes par ses conceptions dans un sens général ou particulier (Geertz, 1972, 61). Le « modèle pour » la réalité signifie que le symbole peut infléchir les dispositions mentales en les moulant sur lui (Geertz, 1972, p. 61). Les symboles jouent alors un rôle dans l'organisation concrète de la vie et des comportements. Donc, on peut dire que ce modèle est une transposition des relations abstraites qui nous donne finalement accès à la réalité empirique.

La pertinence du modèle culturel proposé par Geertz pour notre étude réside dans l'hypothèse que nombre d'immigrants algériens à Montréal considèrent l'islam en tant que religion représentant un système de symboles sacrés et mémorisés sous forme d'informations, de préceptes, de règles sur le plan individuel, et sur le plan social que nous identifierons comme la communauté, tout en étant très conscient de la grande diversité interne de cette communauté. Pour le croyant, l'islam est un « modèle de »

la réalité, une représentation du monde voulue par Dieu. L'islam, en tant que
« modèle pour » oriente les actions des musulmans algériens croyants, notamment
dans leur nouvelle société d'accueil. Dans cette perspective, les Algériens qui veulent
pratiquer leur religion doivent trouver un certain aménagement en puisant dans les
multiples symboles religieux de l'islam pour pouvoir prier, s'habiller et manger selon
les préceptes islamiques par exemple, tout en devant composer avec les règles des
institutions laïques, qui proviennent d'un autre système symbolique que celui du
référent islamique.

2.1.2.2 La religion suscite chez les humains des motivations et des dispositions puissantes, profondes et durables

Geertz caractérise la religion comme un facteur qui « suscite des motivations et
des dispositions puissantes, profondes et durables » (Geertz, 1972, p. 28). Selon lui,
les symboles religieux stimulent des manifestations au sein de ses adeptes en leur
donnant deux types de symboles : les motivations et les sentiments. Ainsi, la
motivation représente selon Geertz, une « tendance persistante, une inclination
chronique à accomplir certaines sortes d'actes, à éprouver certaines sortes de
sentiments, dans certaines sortes de situations » (Geertz, 1972, p. 29). Les sentiments
sont des états affectifs complexes, une combinaison d'éléments émotifs et
imaginatifs, plus ou moins clairs et stables, qui persistent en l'absence de tout
stimulus. Un autre auteur, Sillamy, affirme de manière analogue à Geertz que le
sentiment religieux est un phénomène psychique conscient qui colore affectivement
les perceptions et influence les conduites (Sillamy, 1998, p. 242).

Selon la perspective de Geertz, les préceptes de l'islam sont, pour les
croyants, comme des symboles sacrés. Les Algériens de confession musulmane à
Montréal et qui demeurent attachés à l'Islam considèrent particulièrement le *Coran* et
les *hadiths* comme des textes de référence authentiques, complets et valides pour tous
les temps et tous les lieux (bien qu'à des degrés variables selon chaque personne).

Ainsi, ils investissent ces symboles et ces signes religieux, qui constituent une partie de leur identité, dans la société d'accueil.

2.2 La définition de la laïcité

Les Algériens d'origine musulmane se trouvent au Québec dans une société sécularisée, où les références culturelles ne sont pas islamiques et où les institutions, comme la politique et le droit, sont laïques et indépendantes des références religieuses. Il faut donc se pencher un moment sur ce que signifie la laïcité afin de comprendre les éléments du contexte nouveau dans lequel se retrouvent les musulmans.

La laïcité est un terme, dont l'une des racines provient du grec « *laos* » qui signifie « peuple ». Une autre définition renvoie au vocabulaire ecclésiastique latin « *laïcus* », signifiant celui qui n'a pas reçu les ordres religieux. Dans la seconde moitié du 19e siècle, la laïcité est devenue une conception de l'organisation de la société française qui vise la séparation des pouvoirs spirituels et religieux par rapport aux pouvoirs politiques, civils et administratifs. Le but est de lutter contre le cléricalisme, de diminuer voire d'arrêter l'influence du clergé catholique sur les affaires publiques. L'étymologie grecque est la plus déterminante pour définir la laïcité, lors de son apparition dans les dictionnaires : l'État ne prend plus sa légitimité d'une institution religieuse, mais de la souveraineté du peuple (Milot, 2008, p. 9). La laïcité n'est pas, en principe, antireligieuse, bien que certaines parties de la population puissent y voir une modalité d'organisation institutionnelle hostile à la religion. Les athées comme les croyants ont des droits égaux dans une société laïque et démocratique. Selon Milot (2002, p. 34), la laïcité se définit ainsi : « un aménagement (progressif) du politique en vertu duquel la liberté de religion et la liberté de conscience se trouvent, conformément à une volonté d'égale justice pour tous, garanties par un État neutre à l'égard des différentes conceptions de la vie bonne qui coexistent dans la société. » La laïcité transcende les options spirituelles en définissant les conditions de leur libre affirmation et de leur coexistence pacifique. À ce titre, elle est un facteur essentiel et indispensable de la paix civile (Pialot, 2008). Ainsi, Pena-Ruiz définit la laïcité comme étant un mouvement idéal soutenu par un dispositif juridique assurant et garantissant le principe de séparation entre la vie publique et la vie privée (Pena-Ruiz, 2003, p. 22).

2.2.1 La laïcité québécoise

Depuis le dix-huitième siècle jusqu'à la moitié du vingtième siècle, l'Église au Québec détient encore l'autorité de la vie publique sociale. C'est la puissance dominante du clergé catholique qui ne cesse d'arrêter sa pression sur la sphère publique notamment dans les domaines de l'éducation et de la santé. Lors de la confédération en 1867, l'Église refuse toujours de céder la place aux laïques dans le domaine de l'éducation jusqu'en 1964, une date marquée par la création du ministère de l'Éducation. Cependant, le parcours de la laïcisation du domaine scolaire, en particulier la loi constitutionnelle canadienne en 1997, n'a été achevé qu'en l'an 2000 par une loi modifiant diverses dispositions législatives dans le secteur de l'éducation concernant la confessionnalité (Milot, 2010, p. 36-38).

La laïcisation des pouvoirs politiques au Canada et au Québec ne se légitime pas par une filiation rationaliste ou philosophique issue des Lumières françaises ou britanniques (Milot, 2005), mais repose sur une tradition juridique qui fait que les juges interviennent pour affirmer la dissociation des pouvoirs politique et religieux. Dans la jurisprudence québécoise, on trouve souvent des expressions comme l'absence de religion de l'État et neutralité, (Cour suprême du Canada Chaput c. Romain, [1955] RSC 834) qui représentent des interventions des juges sous forme de verdicts qui doivent être respectés et appliqués en tant que tels et non comme des principes définis constitutionnellement mais comme des normes jurisprudentielles. La laïcité québécoise est un modèle ouvert instituant une certaine forme d'équilibre entre l'approche républicaine française et le multiculturalisme canadien en s'appuyant sur ses quatre principes, à savoir : l'égalité morale des personnes, la liberté de conscience et de religion, la séparation de l'église et de l'État et la neutralité de l'État à l'égard des religions (Bouchard, Taylor, 2008). Par cette ouverture, le régime québécois, qui fait partie des démocraties libérales, se distingue par rapport aux autres laïcités existant dans le monde, notamment celle du modèle français qui a été critiqué et focalisé par les médias comme un régime restrictif où la neutralité de l'État est explicitement influencée par la tradition nationale républicaine, tout en excluant certaines expressions religieuses de la sphère publique. À partir de cette optique, Bouchard et Taylor évaluent les deux modèles laïques français et québécois en soulignant :

> Nous pensons que ce type de régime (français) n'est pas le meilleur [...] Nous croyons que ce type de laïcité restrictive n'est pas approprié pour le Québec, et ce, pour trois raisons : a) il n'arrive pas vraiment à arrimer les structures institutionnelles aux finalités de la laïcité; b) l'assignation à l'école d'une mission émancipatrice dirigée contre la religion n'est pas compatible avec le principe de la neutralité de l'État entre religion et non-religion ; c) le processus d'intégration d'une société diversifiée s'effectue à la faveur d'échanges entre les citoyens, qui apprennent ainsi à se connaître (c'est la philosophie de l'interculturalisme québécois), et non la mise en veilleuse des identités (Bouchard, Taylor, 2008, p. 48).

En conclusion, la laïcité québécoise est un modèle qui demeure toutefois une source de débats, car tous les citoyens ou même les partis politiques ne s'entendent pas sur une définition unique. Pour certains, il n'y a de laïcité que par l'exclusion de la visibilité des appartenances religieuses hors de la sphère publique. Pour d'autres, la laïcité s'applique aux institutions, non aux individus, qui peuvent alors évoluer dans la sphère des institutions publiques en affichant leur appartenance religieuse.

2.2.2 La laïcité dans le monde arabo-musulman : entre refus et acceptation

Nous présentons brièvement quelques penseurs qui ont proposé des thèses concernant la compatibilité ou l'incompatibilité entre islam et laïcité, sans prétendre à l'exhaustivité, ce qui n'est pas l'objet de notre mémoire. Ces points d'appui nous permettent d'illustrer que la question de la compatibilité entre islam et laïcité ne fait pas l'unanimité au sein des penseurs et des théoriciens de l'islam. Nous avons volontairement puisé exclusivement chez des penseurs d'origine non-occidentale, afin d'esquisser les débats au sein du monde musulman (que ces auteurs soient croyants ou athées).

2.2.2.1 L'incompatibilité de l'islam avec la laïcité selon certains penseurs

Certains penseurs arabo-musulmans, philosophes, sociologues, islamologues et politologues écartent la possibilité d'une équation harmonieuse de la laïcité et de l'islam dans sa totalité en refusant de lui accorder la moindre attention. Les défenseurs de cette opinion adoptent cette position à partir des écrits des auteurs occidentaux et notamment les orientalistes qui montrent que le parcours de la laïcité s'enracine dans des particularités de la foi chrétienne occidentale. Ils soutiennent que l'islam n'a pas besoin de laïcité, car il ne s'appuie pas sur une Église et qu'il n'y a pas dans les sociétés musulmanes d'institution religieuse dominante qui impose ses lois et ses dogmes à la sphère publique. Quant à la catégorie des spécialistes des études islamiques, ils sont intégrés à la société et ne constituent en aucun cas un corps structuré et hiérarchisé qui cherche à imposer les doctrines et les normes religieuses à la société (Al-Ansary, 2002, p. 104).

La position d'Hassan Hanafi

Ce grand défenseur d'un islam qui n'a pas besoin de laïcité est Hassan Hanafi, philosophe arabe contemporain. Ce dernier va jusqu'à affirmer que l'islam n'a pas besoin qu'on y importe la laïcité occidentale du fait que la *charia* est un droit positif fondé sur la recherche de bien public, suivant des finalités *Maqasid* dégagées par les théologiens et juristes musulmans. Dans *Dialogue du Machreq et du Maghreb*, Hanafi affirme que le droit musulman est un droit positif issu de la pensée des

Ulémas musulmans à partir de l'interprétation des textes religieux particulièrement le *coran* et la *sunna* (Hanafi, 1990).

> La religion doit être considérée comme une vérité objective indépendante des passions des hommes. La *charia* que rejettent les sécularistes avec effroi n'a fourni que de grandes lignes directrices, qui coïncident avec les principes éthiques universels, et a laissé aux hommes le soin d'en modeler l'application selon leurs conditions. Ainsi l'islam serait-il déjà laïc en substance. C'est le sous-développement, ajoute l'auteur, qui a figé l'islam dans les institutions et des préceptes moyenâgeux et a poussé certains musulmans à rechercher ailleurs les valeurs de rationalité, de liberté de démocratie et de laïcité (Hanafi, 1990, p. 38).

L'approche d'Al-Jabri

Al Jabri partage lui aussi cette opinion, mais selon un autre point de vue. Il a mentionné que la séparation du religieux et du politique s'est accompli très tôt dans l'islam, sous le régime de la dynastie *omeyyades*[4] à partir du *calife Muawiya* qui a mis fin au régime des califes et a instauré le premier *califat*[5] de type dynastique. Depuis ce changement au niveau de l'État islamique, on a assisté à la première séparation entre les fonctions religieuses et les fonctions politiques, et les deux sphères obéirent à des normes et des règles respectées par les deux côtés. Selon Al Jabri (1996), l'islam n'a pas laissé un modèle ou une prescription à usage politique, mais c'est un domaine laissé à l'initiative de l'élite afin qu'elle adopte le régime ou le système politiques qui semble adéquat. C'est pourquoi les sociétés musulmanes nécessitent plutôt, toujours selon Al-Jabri, la mise en œuvre de la rationalité et de la démocratie et non l'imposition d'une laïcité née dans d'autres contextes et destinée à faire face à d'autres situations (Al-Jabri, 1996).

---

[4] Une dynastie monarchique qui a gouverné le monde musulman de 661 à 750.
[5] Le mot arabe *Khalifa* désigne une fonction politique comme chef de la communauté musulmane.

La vision arabo-orientaliste

Les juristes musulmans avaient, dès le dixième siècle, formulé des règles et des lois qui régissaient le fonctionnement du système politique au niveau de la société musulmane à partir de la jurisprudence politique sous la forme d'une constitution. Le modèle de la société proposé par l'islam se traduit par l'équation confirmant qu'il est inconcevable de pratiquer la religion musulmane sans la mise en œuvre d'un système politique compatible avec les principes de la foi musulmane qui fonde l'ordre social. La vision laïque constate, après avoir analysé le contenu de cette constitution, deux formules différentes : la première c'est le système du califat qui s'était vu contestée par les laïcs arabes tels que Zakariya, 1991, Al-Ansary, 2002, Abd al-Raziq, 1994 et d'autres, comme un régime politique développé à partir des principes moraux et des préceptes religieux. La deuxième formule c'est la *charia* qui se résume à partir d'une loi dans un texte coranique ou du *Hadith*, qui est développée et commentée par les savants *Ouléma* musulmans pour être adaptée et pratiquée au sein de la société musulmane.

La thèse de l'incompatibilité de l'islam avec la laïcité est défendue par de nombreux islamistes et islamologues. Parmi leurs arguments les plus répandus, on retrouve la différence entre les principes de l'islam et ceux du christianisme en s'appuyant sur le célèbre texte biblique : « Rendez à César ce qui revient à César et rendez à Dieu ce qui revient à Dieu ». Il est utile de rappeler que cette expression historique représente la plate-forme sur laquelle se positionne l'orientaliste Lewis Bernard (1985) qui affirme:

> « Rendez à César ce qui est à César, et à Dieu ce qui est à Dieu », voilà qui est certes de bonne doctrine et pratique chrétienne, mais rien n'est plus étranger à l'islam. Les trois grandes religions du Proche-Orient présentent des différences significatives dans leur rapport avec l'État, et leurs attitudes envers le pouvoir politique [...] Le judaïsme associé originairement à l'État, s'en est dégagé par la suite, son récent face à face avec l'État, dans les circonstances présentes, soulève des problèmes qui ne sont pas encore résolus. Le christianisme, lors de ses siècles de formation est demeuré distinct de l'État, voire dressé contre lui, et il ne devait s'y intégrer que bien plus tard. Quant à l'islam, déjà du vivant de son fondateur, il était l'État, et l'identification de la religion et du pouvoir est inscrite de manière indélébile dans la mémoire et la conscience des fidèles sur la foi de leurs propres textes sacrés, de leur histoire et de leur vécu. » (Lewis, 1985, p. 374-375).

Dans un autre paragraphe, Lewis insiste sur ce point de vue en déclarant :

> [...] dans l'islam la religion n'est pas, comme c'est le cas dans le christianisme, un secteur ou une province de la vie, réglementant certains domaines, tandis que d'autres échappent à son emprise ; la religion islamique intéresse la vie tout entière, exerçant une juridiction non point limitée, mais globale. Dans une société de ce type, l'idée même d'une séparation de l'Église et de l'État est dénuée de sens, pour autant qu'il n'y a pas deux entités susceptibles d'être disjointes, l'Église et l'État, le pouvoir religieux et le pouvoir politique, ne font qu'un. L'arabe classique, tout comme les autres langues classiques de l'islam, ne possède pas de couple d'opposition sémantique recouvrant la dichotomie chrétienne entre le laïque et l'ecclésiastique, le temporel et le spirituel, le séculier et le religieux, la raison en est que ces couples d'opposition connotent une dichotomie propre au christianisme, laquelle n'a pas d'équivalence dans le monde de l'islam (Lewis, 1985, p. 374-375).

L'intervention de Mohamed Émara

Son approche de la laïcité et de l'islam (Émara, 1988) se traduit par l'importante distinction entre l'État islamique et l'État théocratique. La laïcité n'a pas de racines dans la sphère de l'histoire de l'islam, et la théocratie est liée directement à des racines ancrées dans le christianisme occidental européen à l'époque médiévale. Donc, l'État islamique est un État civil qui fait référence à l'islam. Ainsi, selon Émara, le principe de la *choura* (consultation) représente une articulation importante de la *charia*, en clarifiant que c'est un principe qui fait référence à l'islam, mais la nation est libre d'instaurer n'importe quelle forme de consultation libre et démocratique sur le plan technico-pratique, par exemple, le modèle du parlement désiré, les règles régissant les candidats et les candidatures, le mode et la manière de vote choisi par la communauté musulmane etc (Émara, 1988, p. 168-170).

L'opinion de Youcef Al-Qaradaoui

Sa réflexion montre que la religion qui s'est opposée à la science, qui l'a combattue, qui a condamné à mort et excommunié les savants, c'est la religion de

19

l'Église occidentale. C'est elle qui a monopolisé la pensée, lutté contre la science et adopté des théories scientifiques anciennes qu'elle a sacralisées et considérées comme infaillibles, c'est elle qui a déclaré la guerre à tous ceux dont les recherches les conduisaient à la contredire et qui les accusés d'hérésie et d'athéisme (Al-Qaradaoui, 2003, p. 8-9). Selon Al-Qaradaoui, Il est raisonnable que la laïcité ait été adoptée par le monde occidental chrétien, parce que le christianisme divise la vie en deux parties séparées, soit la sphère spirituelle et celle du temporel. Or, dans la tradition musulmane on considère que la vie dans l'enceinte de l'islam représente une unité indivisible regroupant le politique et le religieux dans le même univers (Qaradaoui, 1997, p. 93-94). Cet auteur théologien confirme l'incompatibilité de la laïcité et de l'islam sur plusieurs plans, que ce soit dans le domaine juridique, éthique ou même dans le domaine du culte.

Nous pourrions citer beaucoup d'autres auteurs, mais dans le cadre restreint de ce mémoire, ces quelques auteurs sont, en quelque sorte, paradigmatiques de cette conception du rapport impossible entre islam et laïcité.

2.2.2.2 La compatibilité de l'islam avec la laïcité.

La tentative d'Ali Abd al-Raziq

Dans son ouvrage phare, *Al islam wa ouçoul Al-Houkm* (L'islam et les fondements du pouvoir) un essai publié pour la première fois en 1925, Abd al-Raziq est le premier théologien arabe ayant critiqué les thèses traditionalistes à partir des écrits des théologiens conservateurs musulmans, notamment ceux d'*Al Azhar*, université théologique située en l'Égypte. Il a rappelé les détails entre le spirituel et le temporel à travers toute l'évolution des sociétés musulmanes en mettant l'accent sur le rôle qu'a joué la religion. Il a Ainsi, dégagé la responsabilité de l'islam en démasquant la confusion du temporel et du spirituel. Abd al-Raziq est catégorique lorsqu'il insiste à propos du titre du calife :

Il apparaît maintenant que ce titre, calife du message de Dieu [...] a constitué l'une des causes de l'erreur dans laquelle est tombé le commun des musulmans en imaginant que le califat était une fonction religieuse, et que celui qui était investi du pouvoir sur les musulmans occupait par mieux la place qui était celle du messager de Dieu [...]

Ainsi, il explique le rôle du pouvoir politique dans l'avènement de cette institution :

Il était de l'intérêt des Sultans de répandre cette erreur parmi les gens, afin d'utiliser la religion comme bouclier pour protéger leurs trônes contre les rebelles. Telle demeure aujourd'hui leurs pratiques par tous les moyens, ils font croire aux gens qu'obéir aux Imams c'est obéir à Dieu (Ab al-Raziq, 1994, p. 60-65).

Abd al-Raziq, insiste sur la responsabilité des gouvernants et leur lien avec la religion au sein de la société musulmane en disant :

En réalité, la religion islamique est innocente de cet abus de la notion de Califat [...], Le Califat ne fait aucunement partie du projet divin, pas plus d'ailleurs que la justice et les autres fonctions de gouvernement et postes d'État. Il s'agit là de postes politiques spécifiques qui n'ont rien à voir avec la religion, que celle-ci n'a ni connus ni niés, ni prescrits, ni prohibés nous laissant recourir, en ce qui les concerne, aux jugements de la raison, aux expériences des nations et aux règles de la politique.[...] De même, la religion n'a rien à voir ni avec l'administration des armées musulmanes, ni avec l'aménagement des villes et des ports, ni avec l'organisation des administrations. Tout cela relève, soit de la raison, soit de l'expérience, soit des règles stratégiques, soit de l'architecture ou de l'opinion des spécialistes. Rien dans la religion, n'interdit aux musulmans d'entrer en compétition avec les autres Nations dans toutes les sciences de la société et de la politique. Rien ne leur interdit de jeter à bas cette organisation vétuste qui les empêche d'édifier les règles de leur pouvoir et leur mode de gouvernement conformément à ce que les esprits humains ont produit et sur la base des meilleurs fondements du pouvoir dont la solidité est attestée par les expériences des nations (Abd al-Raziq, 1994 p. 67-69).

Selon Farjani (1991), Abd al-Raziq nous propose, pour distinguer la différence entre le dogme et l'histoire, d'adopter une période historique de référence, cette période se situe à la mort du prophète où une période exceptionnelle se termine avec le retour au système humain. Il croit que le nouveau système mis en place par les premiers Califes représentait la première tentative humaine profane. Donc, n'ayant aucun caractère sacré, c'est la méthode qui prépare la société musulmane à adopter les formules qui leur paraissent les meilleures. Cependant, c'est une idée qui resta dans l'oubli, sans application jusqu'à présent (Ferjani, 1991, p. 299-368).

21

Le point de vue de Mohamed Mahmoud Taha

Mahmoud Taha, (2002) ce penseur arabe laïc d'origine soudanaise, avait tenté de promouvoir une certaine laïcisation du monde arabe tout en voulant écarter l'expérience politique de l'histoire de l'islam, y compris celle de la période prophétique, en gardant uniquement l'âme du message divin. C'est pour cette raison qu'il a suggéré que tous les versets coraniques médinois qui servent à organiser juridiquement les diverses formes de la société musulmane dans la nouvelle cité, soient perçus comme étant des valeurs obsolètes. En d'autres termes, l'islam de *Médine* ne mérite pas d'être une référence juridique et socio-politique pour gérer notre vie actuelle. Il préfère retourner à la première époque de la révélation *mecquoise*, dans sa forme d'âme pure, où l'islam avait débuté en tant que religion spirituelle et tolérante (Mahmoud Taha, 2002, p. 180). Cependant, son approche a été jugée par le pouvoir politique soudanais comme étant incompatible avec le contexte de l'islam. Il l'a considéré trop radical. Il a été pendu après avoir été accusé d'hérésie par le régime soudanais de Jaafar Numeiri en 1985 avant qu'il fût opposant, par son mouvement socialiste (Les frères républicains) à l'instauration de la *charia* en 1983.

La contribution de Mohamed Talbi

Cet historien d'origine tunisienne, insiste sur la possibilité d'une nouvelle relecture des textes coraniques, notamment la lecture géopolitique de la *oumma* (nation). Dans ce contexte, il suggère la possibilité de « revivre une spiritualité entre Dieu et musulman, de telle façon que les croyants peuvent afficher leur affiliation à la communauté musulmane, mais dans leurs esprits et non dans leur dimension géographique » (Talbi, 2004, p. 81). Dans son ouvrage : *Penseur libre en Islam : Un intellectuel musulman dans la Tunisie de Ben Ali*, il dégage des principes essentiels à partir des messages coraniques, pour répondre aux contextes et aux exigences de la modernité actuelle. La *charia*, pour lui, et à l'exception des lois du culte, n'est pas une juridiction immuable comme le prétendent les islamistes, mais c'est une construction humaine inspirée par les grandes lignes du *Coran*. À partir de cette conception, il résulte pour lui une nette compatibilité entre l'islam et la laïcité et dans le rapport entre le religieux et le politique (Talbi, 2002, p. 430).

La conception d'Abdou Filali Al-Ansary

Al-Ansary a voulu dévoiler dans ses études, la confusion entre l'islam normatif et l'islam historique entretenu dans les écrits mais dans l'islam même. Par cette démarche, on peut, disait l'auteur, éliminer les impasses les plus divergentes à travers l'histoire des sociétés arabo-musulmanes en essayant d'éloigner et d'affaiblir les formules religieuses juridiques développées par les théologiens et imposées par les Califes, afin de maintenir l'ordre politico-social à l'époque médiévale (Al-Ansary, 2002, p. 123). Selon Al-Ansary :

> D'un point de vue islamique on peut répondre, lorsqu'on a fait la part de la norme et celle de l'histoire, que la laïcité peut être un cadre, une forme d'organisation qui permet de travailler d'une manière plus intelligente et plus efficace à diffuser les bienfaits des systèmes politiques modernes et à limiter les injustices. Elle apporte avec elle non pas le libéralisme pur, mais la philosophie des droits de l'homme et la démocratie, toutes les deux des formulations modernes et des outils éprouvés qui permettent de réaliser les aspirations ou finalités que la religion s'est assignées. » (A. F. Al-Ansary, 2002, p. 105).

Au cours de ses analyses du rapport entre le spirituel et le politique, Al-ansary cerne trois confusions de l'islam. La première confusion consiste à mettre l'accent sur un islam composé par un ensemble de systèmes doctrinaux théoriques, et des conceptions à base théologiques élaborées par des juristes à partir des deux références : le *Coran* et la tradition prophétique. L'amalgame consiste à mettre sur un pied d'égalité un système religieux et un processus historique, où la religion représente un ensemble de croyances, ancrées au fil de l'histoire, occupant un territoire, véhiculant un héritage de dogmes, d'éthiques, et de rites réalisés à travers un processus historique incluant un lieu et un temps déterminés (Al-Ansary, 2002, p. 27).

La deuxième confusion, c'est la différence, d'une part, entre la morale qui contient des règles et des coutumes religieuses, destinées à établir un meilleur comportement des individus au sein de leur communauté, et d'une autre part, les règles et les lois, structurées par les juristes et qui régissent le système politico-social. Deux principes coraniques, la *choura* (principe de la consultation) et la *Taa* (principe d'obéissance), ont divisé les penseurs et les théologiens musulmans en deux groupes. Pour le premier, ces deux principes relèvent de l'État. Le deuxième groupe les a considérés comme des principes apolitiques, servant à orienter le comportement des musulmans dans leur quotidien (Al-Ansary, 2002, p. 27).

Une troisième confusion concerne le terme de la *oumma* (nation ou communauté). Elle a provoqué une vaste polémique entre les savants musulmans d'auparavant et même d'aujourd'hui. La différence d'interprétation et la controverse remonte à la première présence musulmane à *Médine* où les principes et les règles recommandés par le Prophète ont été considérés comme une constitution d'État, ce qui a donné une légitimité à un premier État islamique sans prendre en considération la différence entre l'œuvre du prophète en tant que chef religieux et celle des hommes comme chef temporel (Al-Ansary, 2002, p. 27).

Cette section nous a permis d'illustrer, brièvement, que la compatibilité entre islam et laïcité est loin de faire l'unanimité parmi les penseurs, théologiens ou islamologues. À fortiori, il ne faut pas s'attendre à ce que l'unanimité règne parmi les musulmans.

2.3 Les accommodements raisonnables

Comme nous examinons la façon dont les Algériens croyants vivent leur pratique religieuse en contexte laïque et comment les Algériens non croyants perçoivent l'importance de l'islam dans l'intégration des Algériens, la problématique des accommodements raisonnables prend ici une importance analytique, compte tenu de la place qu'elle a occupée sur la scène médiatique. Pour les besoins de notre étude, nous examinons la conception canadienne de l'accommodement raisonnable, puisque c'est la jurisprudence canadienne qui a énoncé cette notion suite à l'enchâssement de la Charte canadienne des droits de la personne dans la Constitution.

2.3.1 Définition de l'accommodement raisonnable (AR)

L'AR est une expression juridique destinée à désigner des mesures dont le but est de minimiser des formes de discrimination indirecte envers des individus issus des minorités au sein de la société canadienne. La Commission des droits de la personne et des droits de la jeunesse du Québec formule une définition précisant l'obligation d'accommodement raisonnable :

> Obligation juridique découlant du droit à l'égalité, applicable dans une situation de discrimination, et consistant à aménager une norme ou une pratique de portée universelle, en accordant un traitement différentiel à une personne qui, autrement, serait pénalisée par l'application d'une telle norme. Il n'y a pas d'obligation d'accommodement en cas de contrainte excessive (CDPDJ, 2006).

Ainsi, les personnes, en raison d'une situation particulière qui font l'objet d'une discrimination indirecte (une femme enceinte, une personne à mobilité réduite, une conviction religieuse, etc.) doivent bénéficier d'un accommodement afin de rétablir le bris d'égalité dont elles seraient victimes. En ce qui concerne les accommodements raisonnables en matière religieuse, le cas qui est particulièrement

25

pertinent pour notre étude renvoie à l'aménagement des horaires de travail. Par exemple, si la religion du demandeur lui prescrit de s'abstenir de travailler à l'occasion d'une journée réservée à la pratique ou à la célébration d'une fête religieuse (le vendredi pour les musulmans, le samedi pour les juifs, le dimanche pour les chrétiens, etc.) ou si, en raison d'une croyance religieuse sincère, le demandeur a la nécessité de porter un costume spécial à l'intérieur d'une institution scolaire (le cas du *hijab*[6], même s'il est l'objet d'interprétations divergentes sur son fondement normatif religieux), tous ces cas peuvent être examinés sous l'angle de l'AR. Juridiquement, ce sont les tribunaux qui ont d'abord reconnu si l'accommodement est raisonnable ou déraisonnable à partir de l'évaluation des contraintes et de l'impact sur les droits d'autrui tout en respectant les principes et les valeurs de la charte des droits et liberté de la personne. Mais tout accommodement ne prend pas la voie judiciaire si l'entente entre les partis s'effectue à leur satisfaction au niveau de l'institution ou de l'entreprise.

Selon Bouchard et Taylor, qui se réfèrent à la jurisprudence et à la Commission des droits de la personne, il existe des balises encadrant la demande de l'accommodement ou de l'ajustement (Bouchard et Taylor, 2008). Par exemple, s'il y a une contrainte excessive pesant sur l'institution à laquelle un AR est demandé, un rejet de la demande est justifié. Une autre balise consiste dans les accommodements qui auraient pour effet direct un repli communautaire ou une marginalisation du demandeur; dans ce cas, l'accommodement n'est pas raisonnable et doit être refusé (Bouchard et Taylor, 2008, p. 55-58).

Selon la Charte des droits et liberté de la personne du Québec et la loi canadienne sur les droits de la personne, l'accommodement raisonnable découle, rappelle Bosset (2007) de deux concepts juridiques, l'égalité et la discrimination. Les accommodements raisonnables sont nés au milieu des années 1980, lorsqu'une employée d'un magasin présentait une demande d'accommodement en aménageant

---

[6] Voile ou tenue portée par les femmes musulmanes. Il cache, selon la majorité des érudits musulmans, tout le corps sauf le visage et les mains.

son horaire de travail pour qu'elle puisse pratiquer ses rites religieux. La cour a considéré cette situation d'obligation de travailler un jour de culte comme une forme discriminatoire indirecte, l'amenant à prononcer l'argument suivant :

> La question [de l'accommodement] n'est pas exempte de difficultés, thèse selon laquelle chaque personne devrait être libre d'adopter la religion de son choix et d'en observer les préceptes ne pose aucun problème. [...] le problème se pose lorsqu'on se demande jusqu'où peut aller une personne dans l'exercice de sa liberté religieuse? À quel moment, dans la profession de sa foi et l'observance de ses règles, passe-t-elle le simple exercice de ses droits et cherche-t-elle à imposer à autrui le respect de ces croyances ? [...] Pour situer la question dans le contexte particulier de l'espèce : dans sa volonté honnête de pratiquer sa religion, dans quelle mesure une employée peut-elle forcer son employeur à se conformer dans la gestion de son entreprise à ses pratiques ou à faire en sorte qu'elles soient respectées ? Jusqu'où, peut-on demander, peut-on exiger la même chose de ses camarades de travail et, quant à cela, du public en général (Bosset, 2007, p. 9).

Les accommodements raisonnables au Québec ont d'abord été déployés dans le milieu du travail, notamment concernant les personnes à mobilité réduite, les malades hospitalisés, les enfants en famille d'accueil, l'aménagement des locaux destinés à faire la prière, le port d'un costume spécial pour les filles musulmanes lors d'éducation physique, etc.

2.3.2 Les fondements juridiques de l'obligation de l'accommodement raisonnable

L'obligation de l'accommodement raisonnable est fondée, principalement, sur le droit à l'égalité (Woehrling, 1998). Ce sont les tribunaux spécialisés (les tribunaux judiciaires ainsi que la Cour suprême du Canada) qui peuvent intervenir dans les cas conflictuels de discrimination directe ou indirecte, en se référant aux législations canadiennes représentées par la Charte canadienne des droits et libertés et par la Charte des droits et des libertés de la personne du Québec, les tribunaux judiciaires ainsi que la cour suprême du Canada. De ce fait, l'accommodement raisonnable est une disposition obligatoire soit par imposition des tribunaux, soit par entente de gré à gré. À cet égard, il y a des institutions gouvernementales et non gouvernementales canadiennes et québécoises qui accordent, pour des raisons religieuses, des

27

accommodements dans les différents domaines de travail. À titre d'exemple, la Gendarmerie royale du Canada permet aux fonctionnaires de religion sikhe dans ses rangs, de porter leur turban à la place du chapeau de feutre, uniforme obligatoire pour tous les membres de la GRC mais qui induit par son obligation une discrimination indirecte pour ceux qui, en vertu de leur croyance sincère, doivent porter un couvre-chef cachant tous leurs cheveux.

Un autre exemple est celui d'une municipalité qui a réservé pour les musulmans des périodes d'utilisation d'une piscine pendant une durée de trois heures par semaine, afin de leur permettre de se baigner entre personnes du même sexe à cause de leur religion qui, selon eux, leur interdit de fréquenter une piscine mixte. Il faut citer aussi l'entente entre le congrès juif du Canada avec l'Office de la langue française, pour la dispense temporaire, de l'étiquette en français, des produits casher vendus à l'occasion de la Pâque juive (Woehrling, 1998, p. 329-336).

2.3.3 La fonction sociale de l'accommodement raisonnable

Certes, l'obligation de l'accommodement raisonnable est prioritairement juridique, cependant, il est à noter que le fait de ne pas accommoder des normes religieuses en faveur des membres de certains groupes minoritaires peut entraîner une exclusion sociale, notamment le droit à l'instruction publique, partielle ou entière, ce qui peut avoir pour effet d'affaiblir les chances d'intégration au sein de la société. À ce propos, Bosset (2005) décrit cette situation en ces termes :

> L'acceptation du particularisme religieux ne découle pas uniquement d'une analyse juridique, mais aussi d'une éthique de responsabilité qui nous oblige à tenir compte de l'intégration à la société et du rôle que doivent jouer nos principales institutions dans cette intégration (Bosset, 2005, p. 4).

Au Canada et au Québec, non seulement la liberté de religion est garantie par la Charte canadienne des droits et libertés, mais elle est aussi une garantie s'étendant pour englober l'expression de sa manifestation. Actuellement, la religion se voit

28

influencée par la cadence de la vie moderne basée sur l'individualisme et la liberté de conscience (Bosset, 2005, p. 5). Ainsi, la liberté de la religion est nettement affirmée dans la définition de la laïcité et dans le processus de laïcisation québécoise, par le comité sur les affaires religieuses :

> Un certain aménagement progressif des institutions sociales et politiques concernant la diversité des préférences morales, religieuses et philosophiques des citoyens. Par cet aménagement, la liberté de conscience et de religion se trouve garantie par un État neutre à l'égard des différentes conceptions de la (vie bonne) sur la base de valeurs communes rendant possible la rencontre et le dialogue (Comité sur les affaires religieuses, 2003, p. 21).

Dans le contexte québécois, la liberté de religion est un droit garanti par l'article 2 de la Charte canadienne des droits et libertés et l'article 3 de la Charte des droits et libertés de la personne du Québec. La liberté de la religion est un droit individuel qui s'interprète collectivement par le droit des membres d'une même religion de se réunir et de manifester leur foi. La liberté de religion reconnaît aussi, le droit de la professer, de l'enseigner et de la propager, donc, par voie de conséquence, le droit du fidèle de fréquenter un lieu de culte et, sur le plan collectif, le droit pour la communauté religieuse de construire et de posséder un lieu de culte pour se réunir et pratiquer les rites de ses croyances religieuses (Jézéquel, 2003, p. 4). Dans l'arrêt R. c. Big M. Drug Mart Ltd, le juge Dickson, définit la liberté religieuse dans les termes suivants :

> Le concept de la liberté de religion se définit essentiellement comme le droit de croire ce que l'on veut en matière religieuse, le droit de professer ouvertement des croyances religieuses sans crainte d'empêchement ou de représailles et le droit de manifester ses croyances religieuses par leur mise en pratique et par le culte ou par leur enseignement et leur propagation. Toutefois, ce concept signifie beaucoup plus que cela ([1985] 1 R.C.S. 295).

Si l'AR permet, en vertu du droit à l'égalité, la non exclusion des individus qui ont des besoins expressifs distincts de la majorité, en matière religieuse, cette égalité s'applique évidemment aux manières de croire et d'exprimer sa croyance, bref, à la liberté de religion.

***

Après avoir exposé nos bases théoriques, nous allons maintenant présenter notre méthodologie, puis la revue de la littérature.

CHAPITRE III

MÉTHODOLOGIE DE RECHERCHE

3.1 Pertinence de l'objet de recherche

Dans notre étude, nous avons essayé de cerner certaines caractéristiques marquantes de la coexistence entre les immigrants algériens vivant à Montréal et la société d'accueil. Nous avons voulu identifier les tensions liées à l'intégration des Algériens musulmans croyants en ce qui a trait au rôle de la religion islamique dans la définition de leur identité et dans l'affirmation de cette identité au sein de la sphère publique laïque québécoise. Ces visées découlaient des questionnements que notre observation au sein de la communauté a fait jaillir.

Ce thème nous a semblé important et pertinent afin de mieux saisir certains aspects (problématiques aux yeux de la société québécoise) en lien avec le phénomène de l'immigration musulmane et notamment la population algérienne. Si les études sur l'immigration de personnes d'origine musulmane sont nombreuses, peu se sont penchées spécifiquement sur les immigrants algériens dans la perspective d'analyser les tensions ou adaptations entre islam et laïcité.

3.2 Démarche méthodologique

Nous présentons dans ce chapitre nos choix méthodologiques, le processus de collecte de données ainsi que les critères de sélection des répondants. Des informations relatives à notre question de notre recherche ont d'abord été recueillies pendant une année, par l'observation participante (Beaud et Weber, 1998); cela nous a permis de mieux cibler nos objectifs et notre méthode d'entrevue. C'est un moyen méthodologique qui a permis, lors de notre présence sur les lieux de culte, où avaient lieu les prières du vendredi, les réunions religieuses et les rencontres amicales avec les différents membres de la communauté, de dégager certaines perspectives donnant accès à des aspects liés à la réalisation de notre étude.

Afin de mieux appréhender la problématique de l'islam et de la laïcité dans les représentations des immigrants algériens à Montréal en vue d'une coexistence possible entre les principes de l'islam et les valeurs laïques de la société québécoise, et pour analyser cette dynamique d'intégration entre adaptation et résistance, nous avons opté pour une approche méthodologique qualitative. Nous avons fait des entretiens semi dirigés à questions ouvertes (Gauthier, 2003), auprès d'hommes et de femmes issus de la communauté algérienne à Montréal. Nous avons voulu cerner les représentations des personnes interviewées qui vivent l'aménagement de certains aspects de la tradition musulmane avec les principes laïques dans le but de cerner les processus d'adaptation ou de résistance entre les deux dimensions, l'islam et la laïcité. Ainsi, dans ce cas, nous avons mis l'accent sur les circonstances (travail, éducation, demandes d'accommodement dans les institutions) et la réalité vécue des personnes interrogées dans la société d'accueil. Nous avons effectué cette étude en nous attardant aux perceptions de ces immigrants pour mettre l'accent sur les divergences et les convergences rencontrées lors de la réaction d'adaptation ou de résistance en ce qui concerne les principes islamiques et les valeurs laïques, et cela, pour savoir comment peut se concevoir l'intégration à partir de leurs attitudes et de

31

leurs perceptions dans la société québécoise. Nos contacts dans les milieux de la communauté algérienne à Montréal se sont avérés faciles en raison de nos fréquentations régulières auprès de plusieurs membres de cette population, ainsi que nos propres origines (algéro-musulmane), deux facteurs qui ont permis de réaliser les entrevues dans un climat d'entente et de coopération.

3.2.1 Description de l'échantillon

En ce qui concerne l'échantillon, notre corpus est formé d'une vingtaine de répondants. Nous avons considéré que c'est un échantillon qui permettait d'obtenir des opinions diversifiées pour notre étude. Il s'agit de treize (13) hommes et sept (7) femmes, issus de la communauté algérienne et vivant dans la région de Montréal. Le nombre de répondants est toujours quelque chose de difficile à définir. Mucchielli attire l'attention sur le fait que l'information collectée dans l'enquête par entretien est, dans la majorité des cas, plus efficace que le volume de l'échantillon (Mucchielli, 1991, p. 53). Les individus interrogés détiennent une scolarité universitaire, et cela, en raison des critères rigoureux exigés par les services provinciaux de l'immigration lors du processus de sélection. La majorité des immigrants algériens au Québec détiennent des diplômes tels : ingénieurs, médecins, avocats, professeurs des études supérieures et autres, mais leurs connaissances en matière religieuse restent limitées, et en cas de situations religieuses polémiques, ils font appel aux compétences des imams et des *Ulémas* (les docteurs théologiens) pour résoudre le problème. Les immigrants algériens ont déjà vécu la tension islam-laïcité lors du multipartisme politique constitutionnalisé en 1989 par le régime algérien, une première tentative démocratique dans l'histoire de l'Algérie indépendante.

Notre échantillon contient une diversité relative à l'âge (de 18 ans et plus), le sexe (hommes et femmes), leurs situations professionnelles différentes, (employé, sans emploi ou étudiant mais qui ont tous à la base un niveau de scolarisation universitaire) ainsi que la durée de résidence au Québec (entre 1 et 10 ans). Dans un premier temps, nous avons considéré l'ancienneté et le statut de résidence comme une exigence et une nécessité dans cette enquête, car le vécu d'un résident algérien au Québec de moins de trois ans, lors de notre estimation préliminaire, est apparu insuffisant pour répondre au besoin de l'étude. Mais dès que nous avons amorcé notre pré-enquête, nous avons décelé que même les immigrants récents avaient un point de vue intéressant concernant la connaissance des différents aspects de la société québécoise. En ce qui a trait à la langue, onze de nos interviewés, huit hommes et trois femmes, ont l'arabe comme langue maternelle, et neuf répondants dont cinq hommes et quatre femmes déclarent le berbère comme langue maternelle. En ce qui concerne le statut, nous avons dénombré treize résidents permanents (cinq femmes et huit hommes) et les citoyens reçus sont au nombre de sept (dont deux femmes et cinq hommes).

En ce qui concerne le nombre d'années vécues par nos répondants au Québec, 15 répondants, dont huit hommes et sept femmes, sont au Québec depuis moins de cinq ans. Pour ce qui est des répondants ayant vécu entre cinq et dix ans au Québec, nous n'avons pu rejoindre uniquement cinq répondants, tous sont des hommes. Les tableaux qui suivent permettent de dresser le portrait de notre échantillon.

Tableau 1 : Le nombre d'années vécues au Québec

Le nombre d'années vécues au Québec	Hommes	Femmes	Total
(1-5 ans)	08	07	15
(6-10 ans)	05	00	05
Total	13	07	20

Tableau 2 : Maîtrise des langues

Langues maîtrisées	Hommes	Femmes	Total
Arabe + Français	04	02	06
Arabe + Français + Berbère	00	04	04
Arabe + Français + Anglais	05	01	06
Arabe + Français + Anglais + Berbère	04	00	04
Total	13	07	20

Tableau 3 : Profil général de l'échantillon

Répondants	Age	Origine	Emploi actuel	Statut	Langue maternelle	Niveau d'instruction	Statut matrimonial
HAL1	53 ans	Algérienne	Enseignant	Citoyen canadien	Arabe	Universitaire	Marié
HAL2	38 ans	Algérienne	Ouvrier	Résident permanent	Arabe	Universitaire	Marié
HAL3	36 ans	Algérienne	Étudiant	Résident permanent	Arabe	Universitaire	Marié
HAL4	36 ans	Algérienne	Étudiant	Résident permanent	Arabe	Universitaire	Marié
HAL5	46 ans	Algérienne	Technicien pharmaceutique	Citoyen canadien	Arabe	Universitaire	Marié
HAL6	27 ans	Algérienne	Ouvrier	Résident permanent	Berbère	Universitaire	Célibataire
HAL7	29 ans	Algérienne	Étudiant	Résident permanent	Berbère	Universitaire	Célibataire
HAL8	38 ans	Algérienne	Étudiant	Résident permanent	Berbère	Universitaire	Marié
HAL9	34 ans	Algérienne	Technicien chez Vidéotron	Résident permanent	Arabe	Universitaire	Célibataire
HAL10	51 ans	Algérienne	Sans emploi	Résident permanent	Berbère	Universitaire	Marié
HAL11	37 ans	Algérienne	Bibliothécaire	Citoyen canadien	Berbère	Universitaire	Marié
HAL12	36 ans	Algérienne	Chercheur	Citoyen canadien	Arabe	Universitaire	Marié
HAL13	48 ans	Algérienne	Technicien à Petro-canada	Citoyen canadien	Arabe	Universitaire	Marié
FAL14	47 ans	Algérienne	Étudiante	Citoyenne canadienne	Berbère	Universitaire	Mariée
FAL15	45 ans	Algérienne	Étudiante	Résidente permanente	Berbère	Universitaire	Célibataire
FAL16	37 ans	Algérienne	Étudiante	Résidente permanente	Arabe	Universitaire	Célibataire
FAL17	43 ans	Algérienne	Étudiante	Résidente permanente	Berbère	Universitaire	Mariée
FAL18	43 ans	Algérienne	Étudiante	Résidente permanente	Berbère	Universitaire	Mariée
FAL19	34 ans	Algérienne	Femme au foyer	Résidente permanente	Arabe	Universitaire	Mariée
FAL20	35 ans	Algérienne	Femme au foyer	Résidente permanente	Arabe	Universitaire	Mariée

Nous avons rejoint nos interviewés par la méthode de la « boule de neige ». C'est une méthode qui consiste en la prise de contact avec des personnes, et ces dernières jouent le rôle d'intermédiaires dans le but de tisser des relations avec d'autres pour les inviter à participer aux entretiens (Degenne et Forsé, 1994, p. 259). Comme la communauté algérienne installée à Montréal maîtrise suffisamment le français et l'arabe, les entretiens ont donc été conduits dans les deux langues, selon le choix des personnes interrogées, mais la plupart du temps, ce fut en arabe. Pour les rendez-vous où se déroulaient les entrevues, les uns ont préféré des lieux publics, généralement des salons de café, des lieux universitaires et des bibliothèques municipales, situés près de leur lieu de résidence. Quant aux autres, ils ont choisi d'être interviewés à leur résidence.

Nous avons choisi d'interroger des musulmans algériens pratiquants, mais aussi certains pratiquants occasionnels et d'autres non pratiquants (selon leur propre déclaration de pratiquant, et nous verrons dans l'analyse que ce qui est associé à «être pratiquant» varie beaucoup d'une personne à une autre), afin de comparer les perceptions et vérifier si le degré d'identification à l'islam interférait dans ces perceptions.

3.2.2 La grille d'entrevue

Nous avons formulé des questions ouvertes en lien avec nos questions et objectifs de recherche. Le questionnaire a été élaboré à partir des questions suivantes :

- Quelle est l'importance de l'Islam pour les personnes interviewées? Quels sont les aspects de la religion les plus importants pour le croyant?
- Comment les Algériens perçoivent-ils l'adaptation des valeurs ou des prescriptions islamiques dans un contexte non-musulman ?

36

· Pour les interviewés, une société laïque est-elle compatible avec l'islam?

· Quels sont les aspects de la société laïque identifiés ou vécus comme problématiques pour vivre selon les principes musulmans au Québec?

· Y a-t-il des obstacles perçus comme tels, quelles sont les stratégies à développer pour s'adapter et s'intégrer; ou faut-il au contraire préserver les traits de son identité musulmane ?

Notre questionnaire a insisté, notamment, sur des thèmes et des concepts tels que : les principes de l'islam, les valeurs laïques, l'intégration, l'adaptation, la discrimination, les motivations et le choix d'immigration. Le questionnaire a inclus aussi la question de l'appartenance musulmane et québécoise (quoique certains musulmans puissent se percevoir d'abord comme citoyen « canadien »). Dans le cas d'une contradiction entre ces deux appartenances, est-ce qu'on assiste à une conception de citoyenneté moins attachée à la société d'accueil et davantage à l'islam ou l'inverse ? Et dans le cas d'une compatibilité des deux appartenances, comment perçoit-on les attentes de la population québécoise ? Dans l'optique d'une compatibilité, quelle contribution les Algériens pensent-ils apporter à la société québécoise? Quelle est la perception du rôle joué par la société d'accueil envers l'intégration des immigrants algériens au Québec? Les questions, ouvertes servaient à faciliter la prise de parole des interviewés.

3.2.3 Déroulement des entrevues

Nous avons effectué des entrevues semi dirigées et ouvertes en précisant la question posée et en laissant le répondant libre de répondre selon ses opinions. Notre intervention s'est restreinte, lors de l'interview, à encourager l'approfondissement ou l'explicitation des points de vue énoncés. Cette méthode d'interview a encouragé nos interviewés à exprimer librement leurs opinions quant à leur vécu à Montréal et leur rapport entre l'islam et la laïcité. Par ailleurs, et pour une question de priorité, nous avons reclassé des questions pour qu'elles soient appropriées avec la démarche et la pertinence des réponses. Ainsi, nous avons reformulé des questions, en ajoutant quelques sous-questions après avoir remarqué un manque d'information, soit un facteur capital de notre étude.

Quelques remarques au sujet de nos contacts avec les personnes pressenties pour l'entretien. D'abord, nos rencontres avec les personnes interrogées étaient fructueuses et satisfaisantes, ce qui nous a permis de récolter d'importantes informations pour notre étude. Cependant, trois personnes, dont deux femmes et un homme, nous ont donné leur accord initial de participation à cette enquête, mais finalement ils ont décliné le jour de l'entretien. Pour les deux femmes, elles ont justifié leur refus par la non-autorisation de leurs conjoints. Quant au seul cas parmi les hommes refusant l'entrevue, c'est à cause de son doute et de sa peur envers ce genre de recherche malgré notre assurance concernant la confidentialité des coordonnées et l'anonymat des participants.

3.2.4 L'analyse qualitative

Pour pouvoir analyser les données recueillies lors des entrevues, nous avons procédé à une analyse de contenu des perceptions des Algériens vivant à Montréal et le rapport entre leur tradition islamique et le modèle laïque québécois. Dans cette optique, notre analyse de contenu a pris la forme d'une recherche sur chaque catégorie thématique liée à nos questions de recherches en cernant leurs arguments de perception, de compréhension et d'attitudes vis-à-vis la société d'accueil. Pour structurer l'analyse de notre étude, nous nous sommes inspirés de l'approche méthodologique de Mucchielli (2006). Toute analyse de contenu utilise des techniques claires, précises et systématiques, et comporte quatre étapes qui sont : la pré-analyse, la catégorisation, le codage des unités et l'interprétation. La pré-analyse de nos observations participantes nous a permis de formuler nos questions de recherche, puis nous avons procédé également à une pré-analyse dès la transcription de nos entrevues. C'est un premier stade consacré à mieux organiser une vision générale en vue de savoir comment se déroule l'analyse de notre recherche. Bref, c'est un contenu initial d'analyse qui donnera, par la suite, l'horizon et la précision de notre corpus sur lequel on diagnostiquera la problématique de notre sujet de recherche. Nous devons veiller, comme le suggère Bardin (1977) à avoir un corpus qui soit bien représentatif et pertinent avec la démarche de l'étude à réaliser. Nous avons procédé de manière verticale d'abord, à une saisie de la logique interne à chaque entrevue.

Puis, nous avons cerné les grandes catégories de discours relatives à la laïcité, aux préceptes islamiques tels que perçus par le répondant, etc. Cette étape nous a ensuite permis de coder chaque ensemble formant des unités sémantiques, de manière à pouvoir comparer les entretiens entre eux. La catégorisation, un élément essentiel dans la méthode de l'analyse de contenu, doit englober, nécessairement, des critères clés, à savoir la pertinence, l'exhaustivité et l'objectivité, afin d'aborder la problématique et de vérifier la validité des hypothèses à travers les premières réponses aux questions posées et cernées par le système catégoriel (grille de lecture) : « Une analyse de contenu vaut ce que valent ses catégories » (De Bonville, 2000, p. 145). Dans cette étape, le chercheur définit les catégories en recréant de nouveaux concepts à partir du texte analysé, pour rendre l'étude plus pertinente, plus exhaustive et plus objective.

L'interprétation s'est effectuée à la lumière de cette comparaison et des trois éléments majeurs de notre cadre théorique, soit la religion, la laïcité et les accommodements, en analysant les conceptions des interviewés en regard des concepts théoriques. C'est la phase finale la plus intéressante de l'analyse où il est possible de vérifier la validité de nos hypothèses à partir d'une lecture constructive, tout en formulant nos réflexions critiques vis-à-vis notre objet d'étude (Robert et Bouillaguet, 2007).

Ainsi, en nous inspirant de Mucchielli (1998, p. 23), « analyser le contenu d'une étude, d'un entretien, d'un document, etc., c'est par des méthodes sûres, [...] rechercher les informations qui s'y trouvent, dégager le sens de ce qui est présenté, formuler et classer tout ce que contient cette étude ».

CHAPITRE IV

REVUE DE LITTÉRATURE

4.1 Introduction

Les immigrants algériens à Montréal font partie de la présence musulmane au Canada, une présence marquée notamment par des expressions publiques de l'identité religieuse qui diffèrent passablement des habitudes sécularisées d'une société culturellement chrétienne. Il est utile de rappeler que peu d'études empiriques au Québec ont traité spécifiquement des manifestations de l'appartenance religieuse de cette population des Algériens de confession musulmane. Les médias font souvent les manchettes sur des affaires du voile, de demandes de locaux de prière, de demande de non-mixité, par exemple dans les piscines publiques, mais en parlant des musulmans comme d'un ensemble homogène.

4.2 La présence arabo-musulmane au Canada et au Québec

Au Canada et au Québec, les personnes d'origine arabo-musulmane forme une catégorie de la population qui se composent d'immigrants originaires de différentes nations, qui se rapportent à des symboles souvent identiques (le Coran, etc.), mais interprétés différemment selon les individus. On peut constater également cette diversité en ce qui concerne le sentiment de l'appartenance à la *oumma*, référant à une vaste communauté transnationale définie sur la base de l'identité religieuse islamique.

Les instituts religieux au Canada furent installés dès l'arrivée des premiers immigrés arabo-musulmans en 1882. Il s'agissait alors d'immigrants de la grande Syrie, un État sous l'autorité ottomane regroupant plusieurs provinces, dont le Liban, la Jordanie et la Palestine. Cependant, à cause de la Première et la Deuxième Guerre mondiale, ce flux d'immigrants a été momentanément arrêté. À la fin de la Seconde Guerre mondiale, on assiste à une deuxième vague d'arabo-musulmans arrivants sur le territoire canadien (Aboud, 2000).

Au Québec, on mentionne l'arrivée des premiers Arabes, particulièrement les Égyptiens, les Libanais et les Marocains, entre les années 1950 et 1975, année où on dénombre 50,000 à 60,000 personnes sur le territoire canadien (Labelle, Rocher et Antonius, 2009, p. 15). À cause de la guerre entre l'Iran et l'Iraq (1980-1988), de même qu'au Liban en plus de l'invasion du Koweït par l'armée iraquienne, des ressortissants palestiniens, égyptiens et jordaniens se sont installés au Canada en tant qu'immigrants ou réfugiés. Les immigrants de cette nouvelle vague auraient, selon certains chercheurs, un attachement plus fort à l'islam en tant que vecteur identitaire, susceptible donc d'être à l'origine de plus de demandes d'accommodements raisonnables pour des motifs religieux (Labelle, Rocher et Antonius, 2009, p. 16). Cette évaluation des chercheurs ne semble toutefois pas tenir compte que l'instrument juridique qu'est l'accommodement raisonnable a précisément été élaboré par la jurisprudence dans les années 1980, il est donc difficile d'établir une relation causale entre la vague d'immigration des années 1980 quant à l'aspect identitaire de l'islam et l'accroissement de demandes d'accommodement.

Compte tenu de la conjoncture politique algérienne très autoritaire et instable des années 1990-1999, les Algériens francophones ont choisi le Québec comme terre de destination. En 2006, leur nombre est le plus élevé par rapport au nombre d'autres immigrants arrivés au Québec (Recensement Canada, 2006). Malgré une importante proportion d'Algériens au Québec, principalement les Kabyles affichant explicitement leur préférence pour la laïcité au sein de la société d'accueil, la majorité d'entre eux identifierait l'islam comme un critère fondamental de la construction de leur identité (Labelle, Roche et Antonius, 2009, p. 17).

La population musulmane au Canada et au Québec a été influencée par le contexte et les modes de vie de la nouvelle société sous deux aspects: d'abord, la première génération a subi une certaine acculturation tout en préservant certaines coutumes et une identité ethniques. Ensuite, la deuxième génération a été plus influencée par les diverses institutions de la société d'accueil, notamment par l'institution scolaire (Abu-Laban, 1981, p. 251)[7]. Il faut souligner que l'insertion de cette deuxième génération a été favorisée par l'acquisition linguistique et culturelle, par l'apparition des lieux de culte et des associations à caractère laïque et religieux qui ont vu le jour (Abu-Laban, 1981, p. 253). Plusieurs familles arabo-musulmanes ont conservé des liens avec la société d'origine. Ainsi, si plusieurs immigrés se sont intégrés au point que leur identité d'origine se soit diluée passablement, la majorité d'entre eux ont maintenu plusieurs facettes de leur tradition d'origine, notamment grâce à la famille. Cette référence familiale, qui impose un réseau de contrôle social et des devoirs à respecter représente, selon Abu-Laban, le noyau axial influençant fortement la majorité des musulmans (Abu-Laban, 1981)[8].

---

[7] Si cette référence à Abu-Laban date quelque peu, elle nous a permis de retracer quelques aspects des premières vagues d'immigration arabo-musulmane qui étaient peu étudiées à l'époque. Il en est de même pour l'étude de Haddad citée par la suite.
[8] Notons qu'il serait pertinent d'établir quelques comparaisons avec la France sur ces questions, mais le cadre restreint de ce mémoire ne nous permet pas de faire une analyse comparative qui soit valide.

4.3 Le début de L'intégration

L'intégration est un concept qui a pris de l'importance lors de la
complexification des sociétés industrielles modernes qui ont connu un afflux de plus
en plus important d'immigrants, d'abord Occidentaux, puis provenant des pays non
occidentaux et non chrétiens. Le modèle canadien se base sur une politique libérale et
une visée d'intégration qui ne bannit pas les références culturelles propres à un
groupe de l'espace social. La conception de l'intégration consiste à protéger les droits
individuels des citoyens assurés par l'autorité de l'État. Le modèle « multiculturel »
insiste sur la reconnaissance de la diversité culturelle et religieuse des groupes
immigrants dans la société d'accueil. Le modèle interculturel québécois ne nie pas
non plus la richesse de la diversité, mais inclut une exigence de protéger la langue
française (quoique certaines élites, notamment, penchent en faveur d'un modèle
nettement plus assimilationniste, comme nous avons pu le constater lors des débats
autour de la commission Bouchard-Taylor).

Une étude portant sur la dynamique d'adaptation sociale de la communauté
syrienne de Montréal au sein de la société d'accueil (Haddad, 1978), avait déjà mis
l'accent sur les circonstances de l'adaptation des premières vagues d'immigrants
installés au Canada. L'enquête affirme qu'ils étaient porteurs d'une idéologie
nationaliste. Influencés par le courant politique nationaliste des États arabes et
musulmans à l'époque, ils auraient partagé les mêmes idées nationalistes que ceux
des Arabes chrétiens tels que Nicolas Haddad, Lewis Aoud, Michel Aflaq, George
Zidane et d'autres. Ce courant milite pour une séparation distincte entre la sphère
publique et la sphère privée en considérant que l'islam et le christianisme doivent être
exclus de la sphère publique. Ainsi, selon l'étude, ces nationalistes arabo-musulmans
se divisaient en deux catégories. Une classe bien intégrée, qualifiée par sa haute

44

scolarité et son mode de vie urbain; l'autre est une catégorie rurale représentant souvent la classe ouvrière, mal adaptée à cause de sa scolarité inférieure et les stéréotypes présents au sein de la société d'accueil, ce qui a entraîné un repli et un isolement en s'éloignant presque de toute interaction avec les membres de la société d'accueil (Haddad, 1978, p. 71-100).

Au début des années quatre-vingt, les immigrants arabes de confession musulmane, influencés par l'émergence du phénomène de l'islamisme, ont commencé à dominer graduellement le courant nationaliste influencé par la révolution islamique iranienne. C'est un facteur parmi d'autres qui a incité certains immigrants arabo-musulmans à repenser leur stratégie idéologique et identitaire pour adopter une nouvelle restructuration communautaire basée sur une référence religieuse. Dans cette optique, des mosquées ont été construites ainsi que des associations à caractère religieux et socio-économiques pour répondre aux besoins de la communauté au Canada et au Québec (Haddad, 1983, p. 165-181).

4.4 L'intégration de la population musulmane dans les deux dernières décennies

Des ouvrages à base d'études empiriques parus depuis deux décennies s'intéressent aux rapports entre un islam véhiculé par la communauté musulmane immigrante et les normes laïques de la société québécoise. Le rapport entre musulman et non-musulman au Canada a fait l'objet de quelques travaux qui sont d'un apport important pour situer le cadre dans lequel prend place notre sujet de recherche.

Dans une étude portant sur l'identité religieuse des musulmans d'Ottawa (Ahmed, 1992), Ahmed a montré le rôle primordial joué par le facteur religieux dans l'intégration et l'adaptation des musulmans immigrés. Selon l'enquête, la communauté musulmane à Ottawa s'est bien adaptée aux normes et aux valeurs laïques de la société d'accueil, tout en conservant des aspects importants de sa tradition religieuse. Ainsi, l'étude a dégagé trois catégories d'adaptation : la première, qui forme 21% de la totalité des 152 interrogés dans l'enquête, ont déclaré vivre une adaptation aux valeurs de la société d'accueil tout en affirmant une forte identité religieuse. La deuxième catégorie, majoritaire, représente 75% et témoigne d'une adaptation harmonieuse à la société d'accueil avec une identité religieuse modérée. La dernière catégorie représente 6 % des répondants qui s'adaptent mieux aux normes laïques avec une inspiration identitaire religieuse très faible (Ahmed, 1992, p. 232).

Une autre étude réalisée à Montréal menée par Karen (1996), visait à vérifier auprès des immigrants musulmans pratiquants l'hypothèse que leur religiosité n'entrave pas leur intégration à la société québécoise. L'étude s'est penchée sur des entrevues réalisées auprès d'une quinzaine de personnes et elle discerne trois groupes-type d'intégration : le premier se compose de deux interrogés déclinant leur intégration à la nouvelle société à cause de leur attitude religieuse dogmatique et qui refusent de s'intégrer pour se centrer sur leur propre communauté. Le deuxième groupe, comprend trois répondants qui déclarent entretenir de bons rapports avec la société d'accueil alors que leur attitude religieuse est plus libérale. Le troisième groupe correspond à la majorité des répondants, ils sont au nombre de dix. Ils déclarent entretenir d'excellents rapports entre les principes de l'islam et les valeurs laïques de la nouvelle société (Karen, 1996, p. 97-99). Dans cette analyse, l'auteur souligne que « La pratique religieuse n'avait aucune influence sur la construction des rapports entre musulmans et non-musulman » (Karen, 1996, p. 101). Cependant, l'insécurité identitaire reste assez répandue parmi les individus interrogés. Par ailleurs, de nombreux interviewés avaient insisté sur la nécessité d'un islam qui doit être interprété de telle sorte qu'il soit flexible pour s'adapter au nouvel environnement auquel il est confronté et ce, dans le but d'atteindre une meilleure conciliation entre les valeurs de l'islam et celles de la société québécoise (Karen, 1996, p. 101).

Dans la revue « Vivre ensemble », Daher (2001) se demande si l'intégration oblige le citoyen musulman à rejeter sa foi et sa culture pour être accepté dans la société d'accueil comme un citoyen québécois à part entière. Ne doit-on pas encourager les efforts des intellectuels musulmans qui tentent d'interpréter l'islam en contexte québécois ? D'après lui, les musulmans pensent, à tort ou à raison, que parmi les différents groupes ethniques ou religieux, ils sont les plus mal acceptés. Ils sont aussi taxés d'être les plus internationalistes, les moins branchés sur l'actualité québécoise, les plus communautarisés, les moins intégrés à la société. Ils sont aussi les moins représentés aux divers niveaux de la société (Daher, 2001, p. 4-10).

Le processus d'intégration des musulmans au Québec est une expérience encore jeune et on ne peut la considérer comme un processus définitif. Parmi les obstacles qui sont susceptibles de freiner l'intégration des musulmans au Québec, les stéréotypes négatifs véhiculés par les médias (Potvin, 2008) jouent un rôle majeur. La population musulmane apparaît plus ciblée que d'autres communautés immigrantes résidant sur le territoire canadien (Helly, 2004, p. 22). À cet égard, certains membres de la communauté musulmane développent une résistance aux préjugés véhiculés en préférant se référer aux médias des pays d'origine, ce qui freine aussi le processus d'intégration (Biron, 2002, p. 1-4).

4.5 Les accommodements raisonnables et les musulmans au Québec

La nécessité des accommodements raisonnables au Canada et au Québec tire sa légitimité du droit à l'égalité et de l'interdiction de la discrimination pour les motifs prévus aux Chartes des droits canadienne et québécoise. Dans le cas de la population musulmane à Montréal, y compris la communauté algérienne, avant les années quatre-vingt, les autorités de la ville de Montréal ont accepté les demandes de la mosquée *al Islam* et de la fondation *Azzahra* pour effectuer l'aménagement d'un secteur musulman dans deux cimetières et on a reconnu aux imams (selon le code civil) le droit de célébrer des mariages selon la tradition musulmane. À partir de l'année 1990, des accommodements furent accordés aux musulmans dans les domaines de la santé et de l'éducation. L'aménagement d'un local comme lieu de prière fut consenti les employés de confession musulmane, dans un hôpital pour enfants. Des écoles ont accordé aux filles de confession musulmane le droit de porter des vêtements couvrants pour les cours d'éducation physique, d'autres écoles et universités ont accordé la permission de deux heures aux élèves et aux étudiants pour accomplir la prière du vendredi (Helly, 2004, p. 24 - 25).

Dans son ouvrage « Crises des accommodements raisonnables », Potvin (2008) dévoile l'ampleur et les confusions de la couverture médiatique québécoise, notamment, l'écho de la presse écrite et son impact dans le débat sur les accommodements raisonnables, ainsi que les multiples images de l'analyse de discours d'opinion. Potvin a montré dans cette étude les effets d'amplification médiatique relatifs aux accommodements raisonnables qui seraient exigés des musulmans, effets aussi de brouillage de la distinction entre les vrais cas d'accommodements raisonnables et les faits divers anecdotiques. Parmi les sept cas spécifiques analysés, trois situations seulement ont mérité l'intervention judiciaire : le jugement sur le kirpan, la décision de la CDPDJ concernant les salles de prière à l'École de technologie supérieure et la décision de la CDPDJ relative à l'hôpital juif (Potvin, 2008, p. 247-248).

> Le débat sur les « accommodements raisonnables » n'a pas été qu'un symptôme de la fragilité des identités « nationales » et d'une crise de légitimité politique et des transformations sociétales et économiques plus large, dans un contexte de mondialisation. Il a été produit par un ensemble de procédés, cadrage et stratégies

commerciales des grands médias, qui sont loin d'avoir joué un simple rôle d'«espace public» de délibérations raisonnables entre citoyens (Potvin, 2008, p. 247).

4.6 Les attitudes discriminatoires

Même si notre étude ne porte pas directement sur la question de la discrimination à l'égard des musulmans, il nous apparaît nécessaire de dresser un bref portrait de cette problématique, car elle peut interférer dans les perceptions de nos répondants eu égard à la compatibilité entre l'islam et la laïcité au Québec.

Au début du vingtième siècle, la première présence musulmane avait subi les effets de stéréotypes discriminatoires, plus ou moins véhiculés et relayés par certaines voix médiatiques, construisant ainsi un portrait négatif des membres de cette communauté. Par exemple, le docteur Allan MC Laughlin du U.S. Marine Hospital Service, entre 1903 et 1905, a rédigé une série d'articles sur l'immigration pour le mensuel *Popular Science* et manifeste ouvertement, dans l'un de ses articles, son aversion pour les immigrants syriens (Abu-Laban, 1981). Depuis, les choses ont remarquablement changé grâce au progrès déployé par les institutions assurant la défense des droits et libertés des personnes qui peuvent être affectées par la discrimination. Après la création de la commission des droits de la personne et de la jeunesse au Québec, on a insisté sur l'obligation de la protection des individus contre toute forme de discrimination directe ou indirecte fondée sur des motifs, tels que l'âge, les cas sociaux, la religion, l'état civil, la race, la couleur, le sexe, etc.

Selon Bouchard et Taylor, (2008) au Québec, en dépit des outils réservés pour lutter contre toute forme de discrimination, on enregistre encore la persistance de ce phénomène sondé, notamment, au cours des cinq dernières années. Pendant cette période, on compte de 20 à 25 % des Québécois déclarant avoir été victimes de discrimination et ce pourcentage double chez les groupes racisés, comme les musulmans :

> Les musulmans, et en particulier les arabo-musulmans, sont présentement le groupe le plus touché par les diverses formes de discrimination. Curieusement, les cas les plus médiatisés d'accommodement liés à la communauté musulmane concerneraient toutes les activités de participation ou d'intégration à la société québécoise (Bouchard, Taylor, 2008, p. 88).

Dans le cadre du débat sur la place de la religion dans la sphère publique canadienne et québécoise, une étude intitulée « La ferveur religieuse et les demandes d'accommodement religieux: une comparaison intergroupe », Paul Eid (2007) a établi, pour les plaintes de discrimination reçues par la Commission des droits de la personne et des droits de la jeunesse, que la moitié des 32 plaintes ont été déposées par des chrétiens, dépassant ainsi les plaintes déposées par les musulmans (9) et celles déposées par des juifs (7). Dans un article portant sur le traitement de l'islam au Canada publié par la revue européenne des migrations internationales, Helly (2004) a dressé un portrait des groupes d'immigrants discriminés à travers un ensemble d'enquêtes et de sondages. D'après l'article, des sondages d'opinion récents ont montré certaines perceptions défavorables à l'égard des Canadiens de religion musulmane. Selon une enquête pancanadienne, la majorité des interrogés canadiens ont déclaré être plus à l'aise avec les personnes nées au Canada et moins à l'aise avec les immigrants indiens, pakistanais, sikhs, noirs antillais, arabes et musulmans (Helly, 2004, p. 26).

Selon Helly, le conflit sur le port du *hijab* par des écolières musulmanes, en 1994 et 1995, a associé la communauté musulmane à des stéréotypes comme : « la communauté musulmane représente une menace pour la démocratie et l'égalité des femmes » et « l'islam assimilé au fondamentalisme et au terrorisme », délivrés notamment par certaines élites de la société civile et médiatisés par certains journaux de la presse. Helly a cependant relevé que les attitudes envers les minorités culturelles font l'objet d'une plus grande ouverture au Québec qu'ailleurs au Canada. Cette ouverture s'explique par les résultats d'une enquête de la société (Environics) réalisée en 2002, et qui a conclu que 68 % des Québécois se sentent confortables dans les situations impliquant des personnes de différentes races, un pourcentage classé le plus haut au Canada. Les mêmes Québécois pensent par 14 % que les minorités ethniques ont trop d'influence sur la politique au Canada avec 28 % en Alberta, et 19 % en Ontario. Dans le même sondage, les Québécois considèrent par 49 % que ces minorités ne donnent pas d'importance au domaine politique contre 39 % en Ontario et 35 % en Colombie-Britannique et en Alberta (Helly, 2004, p. 26-27).

4.6.1 Une discrimination concernant les lieux de culte

Une multiplication des lieux de culte autres que chrétiens a été observée dans le paysage urbain québécois, surtout montréalais, depuis quelques décennies. L'accroissement des immigrants et leur concentration au niveau des villes ont donné naissance à plus de lieux de culte où ils peuvent pratiquer leurs rites religieux. C'est un phénomène inédit, assumé par les municipalités qui doivent gérer, en matière urbaine, cette diversité religieuse et culturelle (Germain, 2003, p. 2).

Les conflits autour des lieux de culte au Canada avaient commencé au début des années 1990. À Montréal, des demandes d'ouverture, d'agrandissement et d'aménagement des lieux de culte ont fait l'objet d'une polémique. Ce fut le cas lors de l'ouverture d'une mosquée à Dollard-des-Ormeaux, en 1995, dans l'ouest de l'île de Montréal. Aussi, la construction d'un centre culturel pour la fondation *Azzahra* a dû essuyer un refus. Le projet avait été accepté par le service d'urbanisme, mais les services de la ville ont modifié le zonage pour empêcher, indirectement, la construction de la mosquée, en 1997. Finalement, la fondation a acheté une ancienne synagogue après avoir abandonné le projet litigieux. L'ouverture du nouveau centre a eu lieu en 1999, mais le conseil municipal refuse toujours de lui donner l'agrément alors même qu'il répond au règlement de zonage.

La construction d'un centre culturel et religieux ismaélien situé à Brossard a connu, lui aussi, un blocage en 2002. Ce centre a été contesté par une pétition de 506 résidents proposant à la municipalité concernée de modifier le zonage pour le remplacer par la création d'un parc public afin d'empêcher la construction du centre ismaélien, alors même que le zonage n'avait pas été changé depuis quarante ans. Un malentendu s'est installé entre les pétitionnaires et le conseil municipal lequel avait suspendu provisoirement le projet pour un délai de trois mois. La promesse d'achat arriva à échéance avant la suspension temporaire, ce qui amena le vendeur à refuser une prolongation. Le projet a été abandonné par l'association et la construction du parc public n'a jamais vu le jour (Germain 2003). Germain a constaté que plusieurs projets d'implantation de lieux de culte ont provoqué de vives réactions chez certains habitants demeurant près de ces lieux de culte. Les travaux de Germain (2003) ont insisté sur la question de la place des lieux de culte qui est perçue comme dérangeante, voire menaçante pour la société d'accueil. Ainsi, pour résoudre ce problème, les communautés culturelles doivent respecter les valeurs de la démocratie locale afin de faire valoir leurs droits, et en même temps, de convaincre leurs interlocuteurs par une importante participation civique (Germain, 2003, p. 2). Dans les conflits d'implantation des lieux de culte impliquant les interlocuteurs musulmans et les services techniques des municipalités, Germain a constaté, suite à ses études d'aménagement des mosquées au Canada et au Québec, que certains blocages de ces projets ne viennent pas des urbanistes municipaux, mais bien des règlements de zonage qui définissent et qualifient juridiquement l'espace urbain, restreignant la possibilité de construire des lieux de culte non-chrétien.

4.6.2 Musulmans au Québec : citoyens à part entière ou entièrement à part ?

Si la croissance démographique des populations musulmanes est notable au Québec, les citoyens qui y sont associés sont quasi absents sur la scène publique. Cette situation a conduit Potvin à se pencher sur les causes qui ont entraîné l'absence de cette population sur la scène publique québécoise. Cette absence est imputable, en partie, à la lenteur d'appropriation des codes et des repères en lien avec le processus migratoire. Une deuxième cause serait la conséquence de la situation précaire et instable de cette communauté qui connaît un haut taux du chômage et de pauvreté, l'intégration économique étant un processus très difficile pour ces immigrés qui connaissent un taux de chômage plus élevé que la population en général, selon Potvin (2004), Malgré l'impact des événements du 11 septembre 2001 sur la majorité des musulmans vivant en Occident, ils ont tenté de tisser de nouveaux liens d'intégration avec les sociétés d'accueils. En dépit de cette tentative, Potvin (2004) a constaté la persistance d'un certain repli sur eux-mêmes en raison de la peur identitaire (le risque de se diluer dans l'identité de l'autre), et le sentiment de rejet sous forme d'une phobie issue d'une certaine méconnaissance de l'islam (Potvin, 2004, p. 15).

CHAPITRE V

ANALYSE DES DONNÉES

Avant de présenter notre analyse, rappelons quelques données concernant notre échantillon. Il est constitué de 20 personnes, la très grande majorité ayant plus de 30 ans. Treize hommes et sept femmes ont accepté de participer à cette recherche. Ils détiennent tous un niveau de formation universitaire. Ce choix dans notre échantillon s'explique par le fait que nous voulions avoir un échantillon qui reflète le portrait même de l'immigration, puisqu'une grande partie des immigrants algériens sont détenteurs de diplômes universitaires. Ce choix permettait aussi à notre échantillon d'avoir une certaine cohérence justifiant plus facilement la comparaison entre les réponses obtenues, ne pouvant prétendre à la représentativité sociologique dans un tel échantillon qualitatif. Quant à leur situation professionnelle, huit hommes parmi les interviewés ont déclaré occuper un emploi, un seul est sans emploi et quatre ont le statut d'étudiant. Parmi les femmes, cinq sont aux études et deux sont « femmes au foyer ». La langue maternelle des répondants est l'arabe dans le cas de huit hommes et de trois femmes, et le berbère, pour cinq hommes et quatre femmes. Tous les répondants maîtrisent la langue française, mais les entrevues se sont généralement déroulées dans la langue maternelle du répondant. On dénombre parmi nos interviewés sept citoyens canadiens, dont cinq hommes et deux femmes. Quant aux résidents permanents, notre échantillon comporte huit hommes et cinq femmes.

Enfin, toutes les entrevues ont été transcrites in extenso pour favoriser une analyse verticale de chaque entrevue, et ensuite procéder à une comparaison entre les données recueillies auprès des répondants.

5.1 L'évaluation de leur propre degré de religiosité par les répondants

Nous avons voulu permettre à nos répondants d'évaluer eux-mêmes leur propre degré de religiosité, puisque nous tentons de cerner les zones de conflits ou de compromis entre valeurs islamiques (ou associées comme tel par le répondant) et valeurs laïques. Il s'agit d'une évaluation hautement subjective. En fait, certains musulmans qui font seulement le Ramadan et respectent des préceptes alimentaires *halal* peuvent se dire pratiquants alors que d'autres, à partir des mêmes indicateurs, se définiront comme peu pratiquants. Mais ce qui importe, c'est le sentiment personnel de proximité ou de distance par rapport aux normes islamiques de l'individu qui influencera sa perception de la religion et sans doute, celle de sa compatibilité avec les normes laïques. Nous avons inséré dans notre questionnaire d'entretien trois catégories de pratique religieuse, soit pratiquant, pratiquant modéré et non pratiquant. Cependant, pendant toute notre enquête, nous n'avons trouvé parmi nos interviewés, que deux catégories, les pratiquants (huit hommes et cinq femmes) et les pratiquants modérés (cinq hommes et deux femmes).

5.1.1 La religiosité : des évaluations différenciées

Nous avons demandé à nos répondants quelle était l'importance de la pratique religieuse pour eux. Comme notre question portait non pas sur le degré de croyance mais sur le degré de pratique, les réponses concernent évidemment l'accomplissement des rituels.

Pour la majorité des pratiquants, se déclarer comme pratiquant veut dire se distinguer par une ou plusieurs caractéristiques considérées comme normes religieuses islamiques. Parmi ces caractéristiques, il y a les cinq piliers de l'islam, soit l'accomplissement de la prière à des heures définies[9], s'effectuant de préférence en groupe à la mosquée, le jeûne pendant le mois de *Ramadan*, payer la *Zakat* (aumône), et enfin le pèlerinage *(Hadj)* à la Mecque (pour ceux qui en ont les moyens financiers). Pour certains, ces cinq piliers doivent être tous entièrement respectés pour qu'un musulman puisse se considérer pratiquant. La citation qui suit illustre cette conception classique de l'islamité :

> Je pense qu'il y a pas de demi-mesure, soit on est pratiquant, soit on n'est pas pratiquant. On ne peut pas adapter la religion à soi même. Les principes de l'islam sont clairs, les piliers de l'islam sont clairs. Donc, je peux dire que... je me considère comme pratiquant. Parmi les piliers de l'islam, la prière, le mois de *ramadan* et la *Chahada* (témoignage de l'islam). La *Zakat* (aumône), et le pèlerinage selon les moyens (HAL10, installé à Montréal depuis six ans).

Cependant, la pratique religieuse peut être interprétée de différentes façons selon les normes définies par les interviewés. Pour certains, être pratiquant signifie qu'il suffit d'accomplir la prière, ce qui peut se faire seul et, en cas d'empêchement tout au long de la journée, on peut la reporter et l'effectuer chez soi, sauf dans le cas de la prière du vendredi.

> Je pratique ma religion, je ne vais pas tous les jours, parce que c'est le manque du temps. Je ne peux pas pratiquer ma religion, par exemple, je ne peux pas faire ma prière dans le travail, par respect aux autres, que je ne peux pas la faire, et je préfère beaucoup plus, le faire en rentrant du travail à la maison. Mais le week-end et le vendredi, je peux pratiquer ma prière, je peux aller à la mosquée. Donc, je peux te

---

[9] La prière d'as-*soubh*, prière de l'aube, la prière *d'ad-dhouhr*, la prière de la mi-journée, la prière de *al-'asr*, la prière de la mi-après-midi, la prière *d'al-maghrib*, la prière du coucher du soleil, la prière de *al-'icha*, la prière de la nuit.

dire que je suis un Algérien musulman pratiquant. (HAL11, installé à Montréal depuis huit ans).

Au niveau de ma pratique religieuse, je fais le ramadan, maintenant, est-ce que je fais la prière? Non, même si je sais que je devrais […] Est-ce que le fait de faire la prière ou de ne pas la faire c'est pratiquant modéré ou pas modéré? Je ne sais rien! Parce que pratiquant modéré ça relève du discours. Tu vois quelqu'un qui fait la prière et le ramadan n'est pas modéré et vice versa…Donc, je suis pratiquant (HAL4, installé à Montréal depuis quatre ans).

La pratique de l'islam est aussi associée au respect de certains préceptes alimentaires ou vestimentaires. Mais encore là, pour ce qui est du vêtement, notamment féminin (le *hijab*), il y a place à l'interprétation. Une participante qui se définit pratiquante, bien qu'elle ne porte pas le *hijab*, nous affirme :

Je suis à Montréal, je fais partie de cette société, je me sens comme membre intégré de cette société, qui touche les Montréalais, me touche personnellement. Et sans laisser tomber mon côté religieux, je suis très pratiquante, je fais mes prières cinq fois dans la journée, mes enfants font la même chose…Je me sens Montréalaise musulmane (FAL18, installée à Montréal depuis quatre ans).

Pour certains, même si leur pratique religieuse paraît, pour un regard extérieur, très assidue, ils préfèrent se situer dans la catégorie de « pratiquant modéré ». Un participant qui fait ses prières presque quotidiennement à la mosquée, sauf en cas d'empêchement majeur, ne se définit pourtant pas comme très pratiquant :

Réellement, j'essaie d'être un pratiquant en accomplissant les cinq prières souvent à la mosquée, ainsi que le reste des piliers de l'islam. Mais, bon, à mon avis je suis un pratiquant modéré (HAL7, installé à Montréal depuis deux ans).

Il nous a été impossible de savoir à quel idéal se comparaient les interviewés pour affirmer être très pratiquant ou pratiquant modéré. Mais comme ce n'était pas là l'objet premier de notre recherche, une insistance trop forte sur ce sujet aurait certainement indisposé certains individus.

5.1.2 L'islam comme référence morale ou identitaire

Les immigrants algériens à Montréal ont été touchés de près par plusieurs événements, notamment le débat sur les accommodements raisonnables, qui impliquent les rapports entre l'islam et la laïcité. Même si les accommodements raisonnables ne concernent pas que les musulmans, c'est l'islam qui a été constamment pointé du doigt (Potvin, 2008). Plusieurs répondants semblent avoir eu comme réaction de veiller à mieux préserver leur identité religieuse.

Soulignons que nous avons constaté un grand respect envers les principes de l'islam par tous nos répondants. Ils ont pour la plupart affirmé que l'islam est fondé sur des principes tels que la liberté, la justice et les droits de l'homme et qu'il est un mode de vie universel, valable pour tous les temps et pour tous les lieux. Plusieurs soutiennent que c'est l'islam qui a favorisé le plus tôt dans l'histoire l'émancipation des femmes, alors que l'Occident continue, selon eux, à attribuer une image plus ou moins négative à l'égard de l'islam et du traitement de la femme, comme en témoignent ces répondants :

> Les principes de l'islam, comme la liberté, la justice et le principe d'égalité entre les hommes et les femmes représentent des références universelles. C'est l'islam qui a libéré la femme, alors que l'Occident traite l'islam comme une religion hostile à l'égard de la femme. C'est une fausse accusation, parce qu'elle est basée sur des conduites de certains musulmans beaucoup plus influencés par les traditions archaïques où la majorité des musulmans vivent dans un monde sous-développé (HAL1, installé à Montréal depuis neuf ans).

> Pour moi ce sont des principes universels premièrement. Ce sont des fondements de l'humanité, ils sont basés sur le respect, sur la liberté et sur l'égalité (FAL15, installée à Montréal depuis quatre ans).

> Premièrement, les principes de l'islam sont des principes universels. Ils ne sont pas destinés pour une zone géographique locale. Par exemple, des principes comme l'égalité, la liberté des hommes et des femmes et la justice sont des principes plus larges (HAL7, installé à Montréal depuis deux ans).

58

D'autres interviewés ont insisté sur le fait que le concept de laïcité est récent par rapport à l'islam. Cette tradition religieuse aurait instauré des valeurs humanistes depuis le VIe siècle et aurait réclamé des droits fondamentaux en faveur de toute l'humanité et ce, sans distinction entre les femmes et les hommes. Cette relation dialectique entre les deux entités remonte loin dans l'histoire. L'islam en tant que civilisation aurait joué un rôle remarquable dans le domaine des libertés et des droits de l'homme, selon plusieurs de nos répondants. Ainsi, l'islam aurait instauré, dès l'aube de son apparition, le droit à l'égalité à ses citoyens devant la loi et sans distinction entre femmes et hommes. Mais avec sa décadence, le monde arabo-musulman actuel traverserait une des périodes les plus graves dans son évolution historique et ce serait là la cause d'un certain éloignement de cet idéal. C'est la raison pour laquelle plusieurs répondants manifestent encore leur fierté d'attachement à l'héritage civilisationnel islamique, au point d'affirmer que la laïcité s'est construite sur les principes islamiques sécularisés :

> Les principes de l'islam sont universels. L'islam est plus ancien que la laïcité occidentale. C'est cette dernière qui a reformulé les principes islamiques, pour être compatibles aux normes occidentales. C'est l'islam qui a attribué les droits politiques et les droits éducatifs féminins (HAL5, installé à Montréal depuis huit ans).

> L'islam incarne une vision mondiale des sociétés. L'individu est une partie intégrante et soumise à la société. Dans l'islam, la société représente le thermomètre de la liberté de l'individu, de telle façon que la liberté individuelle s'arrête quand commence celle des autres. Par contre, la laïcité dispose d'une vision individualiste qui domine la structure et la liberté des autres (la société) (FAL20, installée à Montréal depuis quatre ans).

> Selon ma compréhension, l'islam est venu pour préserver la vie humaine, c'est-à-dire l'islam n'est pas qu'une croyance, c'est une pratique, c'est une organisation de société. Bref, c'est un mode de vie universel (HAL9, installé à Montréal depuis trois ans).

L'identité religieuse des immigrants algériens à Montréal, telle qu'ils en témoignent, dévoile l'ampleur et l'importance de l'islam conçu comme une matrice dans la socialisation de leur société d'origine. L'affirmation identitaire religieuse des

Algériens montréalais illustre certains éléments de la théorie de la dimension religieuse de Geertz. D'après lui, la conception de la religion est un facteur suscitant des motivations et des dispositions puissantes, profondes et durables (Geertz, 1972, p. 27). Cet héritage religieux transmis d'une génération à l'autre a laissé une empreinte sur le vécu de ces immigrants qui ont intégré cette dimension religieuse à la définition de leur identité.

5.2. La perception de la laïcité et de ses valeurs

Quelle est la perception de la laïcité et l'attitude vis-à-vis de ce mode d'organisation politique et institutionnel chez nos interviewés? La majorité d'entre eux perçoivent la laïcité comme un système d'aménagement socio-politique qui repose sur la séparation entre la sphère publique et la sphère privée. S'ajoute également le principe de la non-ingérence de l'État dans l'univers de la religion. On retrouve, en quelque sorte, une définition conceptuelle, telle qu'on la retrouve chez plusieurs auteurs académiques, comme l'illustrent ces extraits d'entrevue :

> [La laïcité] C'est la séparation entre l'État et la religion. Les États occidentaux gèrent leurs sociétés en faisant référence aux lois forgées par les humains, tout en écartant l'ingérence des lois à caractère religieux (HAL2, installé à Montréal depuis deux ans).

> C'est la séparation entre l'État et la religion. C'est-à-dire il n'y a pas d'entente entre le religieux et le politique, comme on l'a vu aux pays européens, où il n'existe pas de chevauchement entre l'État et la religion. Cette dernière reste au niveau des Églises, et les gens de la politique gèrent les établissements publics de l'État (HAL7, installé à Montréal depuis deux ans).

Il faut dire que la culture politique d'origine des immigrants algériens est aussi teintée par le modèle « laïque » du régime politique algérien. Leurs définitions représentent une sorte d'amalgame entre deux systèmes différents, qui s'explique par leur affirmation identitaire et culturelle d'origine, particulièrement par leur attachement au facteur religieux.

La laïcité telle que je la comprends, et comme on l'avait étudié en Algérie, c'est un État ou un système où on ne voit pas la religion (HAL4, installé à Montréal depuis quatre ans).

La laïcité c'est séparer la religion de l'État. C'est-à-dire l'Église n'a pas assez d'ingérence dans les affaires du gouvernement ou bien de l'État (HAL 8, installé à Montréal depuis quatre ans).

La laïcité dans la vie de tous les jours, c'est que la religion doit être tenue comme une affaire personnelle. Donc la pratique religieuse [...] pour un groupe ou une personne, qui doit se détacher de la vie de tous les jours (HAL10, installé à Montréal depuis six ans).

Par ailleurs, selon notre analyse, la compréhension des valeurs laïques selon nos répondants, permet d'identifier trois sous-groupes distincts. Pour le premier sous-groupe, soit la majorité des interviewés, les valeurs laïques sont définies comme étant des fondements, des qualités ou des références éthiques et morales partagées par les différents membres d'une société. Ces valeurs laïques, basées notamment sur le principe de la séparation entre la sphère publique et la sphère privée sont aussi des valeurs indissociables de la liberté de conscience, de l'égalité entre les hommes et les femmes et du droit de pratique religieuse dans un contexte de neutralité du pouvoir public. Selon ces répondants, les valeurs laïques sont définies comme suit :

Les valeurs laïques, on peut dire...Peut-être la tolérance, la diversité, cela reste spontané comme réponse, mais disons tel qu'on devrait la concevoir, cela serait la diversité et pas de différence, où le discours religieux n'apparaît pas [dans la sphère publique] (HAL4, installé à Montréal depuis quatre ans).

Ce que je comprends par les valeurs laïques, selon mon vécu et mon expérience, c'est que, soi-disant, dans la laïcité, il est possible d'avoir une société où vivent des communautés de différentes religions, et chaque religion respecte les autres groupes. Donc, les valeurs laïques, c'est le respect, la liberté et vivre dans les communautés tout en respectant les autres groupes et les autres religions (HAL10, installé à Montréal depuis six ans).

Le deuxième sous-groupe que nous avons déterminé considère les valeurs laïques comme une composante secondaire de la vie politique. Ils réclament en primauté la mise en place d'un processus démocratique qui peut apporter la justice et la liberté des sociétés arabes. En réalité, selon nos répondants, les populations arabo-musulmanes possèdent déjà un héritage de valeurs valables pour répondre aux besoins de la modernité. L'instauration de la démocratie est le seul moyen pour déraciner le pouvoir autoritaire engourdi depuis des siècles.

> En tant qu'Algérienne musulmane, je considère les valeurs laïques comme des valeurs universelles, mais elles fonctionnent avec une culture à connotation plus occidentale. Nous avons des valeurs islamiques universelles. Je pense que notre déclin n'est pas dû au manque des valeurs laïques occidentales, mais on a besoin d'une démocratie incarnant la liberté et la justice (FAL19, installée à Montréal depuis quatre ans).

Enfin, les valeurs laïques sont parfois même perçues comme des valeurs pernicieuses à cause de l'excès de liberté des individus, raison pour laquelle certains répondants perçoivent la liberté dans le contexte laïque comme étant une valeur absolue et incontrôlable et voient notamment ses répercussions négatives sur les enfants dans le domaine de l'éducation.

> Les valeurs laïques sont des valeurs séparées de la religion. Comme l'exemple des droits de la femme, les droits de l'homme, la démocratie et la liberté. Le principe de la liberté laïque est conçu sans limites et sans barrière (HAL6, installé à Montréal depuis deux ans).

> Dans le domaine de l'éducation, les valeurs laïques ont influencé le monde des enfants en leur donnant une marge de liberté relativement étendue qui risque de les dériver vers une voie inconnue (FAL 17, installée à Montréal depuis quatre ans).

Ces déclarations rejoignent des conceptions développées par certains auteurs arabes tels que Hanafi (1990), qui critique le modèle laïque occidental. *La charia* pour lui, est un modèle humain inspiré par les textes coraniques. Il ajoute que c'est la

62

décadence des Arabes qui a fait stagner un islam figé dans des institutions archaïques du Moyen Âge. Cette stagnation des instances publiques a poussé certains musulmans, sous l'influence hégémonique occidentale, à chercher ailleurs la modernisation des sociétés arabo-musulmanes. Al-Jabri, (1996), un autre penseur marocain qui s'oppose au modèle laïque occidental, considère que les sociétés arabo-musulmanes nécessitent plutôt la mise en œuvre de la rationalité et de la démocratie et non l'imposition d'une laïcité née dans d'autres contextes et destinée à faire face à d'autres situations que celles des sociétés musulmanes pour lesquelles l'islam fournit des principes positifs d'organisation sociale (Al-Jabri, 1996).

Un troisième sous-groupe considère que les valeurs laïques existent d'une manière théorique dans les sociétés occidentales, alors que dans la pratique elles ne sont pas appliquées. Dans ce sens, nos répondants ont souligné l'écart entre des valeurs laïques formelles et la réalité quotidienne vécue par les membres de la société. Selon eux, c'est au nom de ces valeurs qu'on limite la liberté des autres ainsi que l'expression de leurs convictions religieuses, comme le témoignent ces participantes :

> Lorsqu'on dit laïcité, c'est permis pour certaines personnes et interdit pour certains autres. Lorsqu'on parle de la liberté, par exemple, c'est respecter tout le monde. La laïcité ignore tout ça... Certaines catégories de personnes ne veulent pas être pratiquantes, ou bien appartenir à une secte ou une religion, donc, au nom de ces valeurs on doit attribuer tout à tout le monde. La liberté c'est le respect des libertés des autres personnes [...] Si je prends l'exemple du foulard, malgré que personnellement je ne le porte pas, tout le monde parle du foulard... on attaque une religion sans savoir [...] Donc, il faut d'abord s'informer sur les valeurs des autres avant d'attaquer une religion (FAL16, installée à Montréal depuis deux ans).

> En réalité, les valeurs laïques québécoises existent, mais théoriquement. Dans le concret, on trouve une partie considérable de la société d'accueil ne donnant aucun respect à ces valeurs. Cette contradiction est bien visible, surtout dans le marché du travail par exemple (FAL19, installée à Montréal depuis quatre ans).

Les déclarations critiques sur la laïcité sont fondées, dans les cas que nous avons rencontrés, sur une expérience particulière des répondants. Ils avaient d'abord immigré en France, leur première destination, pour poursuivre leurs études, mais ils ont vécu en sol français les réactions négatives, en plein débat sur la place de l'islam dans la sphère publique et la problématique des signes religieux ostensibles dans les écoles publiques françaises. À l'obtention de leurs diplômes, ils décidèrent de ne pas retourner au pays d'origine à cause de l'instabilité du pouvoir politique à l'époque pour choisir le Québec, leur deuxième destination favorite, mais cette fois pour des raisons d'immigration. À cause des difficultés vécues concernant les équivalences de leurs diplômes, la non-reconnaissance de leurs compétences scientifiques par plusieurs employeurs québécois et ce, en plus de l'influence médiatique qui a eu tendance à stigmatiser les musulmans, ils ont développé des prises de position et même des préjugés en prétendant que la France et le Québec partagent le même modèle laïque. D'ailleurs, certaines élites militent au Québec pour une laïcité « à la française », ce qui conforte cette perception. Pourtant, les deux modèles laïques s'inspirent, certes, des grands axes fondant la laïcité, mais chacun s'enracine dans des contextes sociohistoriques et juridiques différents (Baubérot, 2007, 2008; Milot 2002).

5.3 La conception de la laïcité varie-t-elle en fonction de la religiosité?

Nous allons maintenant croiser la variable « religiosité » et la conception de la laïcité, pour évaluer s'il y a une interférence entre les deux. Sur la base de la déclaration du degré de « pratique » religieuse par les répondants, nous avons cerné diverses tendances ou conceptions. La première tendance, minoritaire, réunit ceux qui considèrent la laïcité, comme étant un sous-ensemble de l'islam, c'est-à-dire une partie incluse dans la sphère islamique tout en démontrant la supériorité de l'islam et son ancienneté par rapport à la laïcité. Ces répondants s'étaient déclarés pratiquants et abondent précisément en ce sens d'un englobement de la laïcité par l'islam :

> À mon avis, on ne peut pas parler des valeurs de la laïcité parce que les valeurs laïques, dans le fond, sont inspirées par les valeurs de la religion. Pour moi, pour des intérêts, on refuse d'appliquer ces fondements, ces bases de l'islam dans la politique pour des raisons soit politiques, soit économiques (FAL15, installée à Montréal depuis quatre ans).

> La différence entre les principes islamiques et celles de la laïcité réside au niveau des lois. Les lois laïques prennent naissance uniquement à partir des idées et des efforts à caractère humain. Le calcul humain est parfois injuste donc il s'agit des lois relatives. Par contre, dans la *charia,* les lois prennent leur légitimité à partir du texte révélé. En tant que musulman, je considère que la *charia* venue d'*Allah* (Dieu) est supérieure aux lois humaines. Donc, il n'y a pas de comparaison entre les deux (HAL2, installé à Montréal depuis trois ans).

Ces affirmations illustrent ou vont dans le même sens que certaines conceptions théoriques affirmant que l'islam est incompatible avec la laïcité. Ce courant est notamment représenté par Al-Qaradawi (1997) qui considère que les valeurs universelles laïques existent déjà dans les racines de la pensée de la civilisation arabo-musulmane depuis l'apparition de l'islam. Dans ces ouvrages particulièrement *L'islam et la laïcité face à face*, il tente de démontrer la supériorité de l'islam par rapport à la laïcité sur le plan politique, économique et social (Al-Qaradawi, 1997).

La deuxième tendance, représentant la majorité des répondants qui se sont déclarés pratiquants modérés, affirme que la différence entre les valeurs laïques et les principes islamiques réside dans la dissimilitude des sources, dissimilitude qui n'implique pas la supériorité de l'islam sur la laïcité. Les lois laïques ont été forgées à partir des idées humaines, par contre les principes de l'islam se légitiment aux lois de la *charia*, un système juridique qui se réfère aux textes coraniques, prophétiques, consensus des *ulémas*[10] et raisonnement par analogie. La laïcité reste ainsi, selon eux,

---

[10] Spécialistes des études islamiques, considérés comme références pour répondre à toute question concernant la mise en pratique de l'islam.

un système relativement harmonieux avec l'islam, capable d'assurer la bonne gestion des sociétés dans le respect, la diversité, et la neutralité.

> En conclusion, la différence entre les principes de l'islam et les valeurs laïques est la source. Les principes islamiques découlent du divin, par contre la source des valeurs laïques est l'être humain. Quel que soit le fondement humain de ces valeurs laïques, elles restent des valeurs capables de gérer les diverses affaires des sociétés tout en s'adaptant avec les changements et les situations (HAL3, installé à Montréal depuis quatre ans).

> Malgré les références différentes, l'islam et la laïcité partagent un ensemble de principes et des valeurs communs à titre universel... (FAL17, installée à Montréal depuis deux ans).

Dans cette même tendance, une autre vision dégagée dans cette enquête insiste sur le fait, que dans le quotidien, les principes de l'islam se vivent différemment dans les pays arabo-musulmans à cause des multiples interprétations du texte religieux ainsi que le chevauchement de trois composantes existantes dans le même pays, à savoir les principes de la religion, les valeurs laïques et les traditions sociales. Cette position délivrée par un de nos interviewés en témoigne :

> À mon avis, encore une fois, ça relève de la manière dont l'être humain voit les choses. Parce que si on parle des valeurs de l'islam dans une société comme l'Algérie, qui n'est pas un État laïque, ces valeurs sont plus ou moins identiques. Si on voit ça dans le droit de l'héritage, en Algérie ce droit est fondé sur le texte religieux. Ce même droit est appliqué différemment dans la Tunisie. Eux, ils n'appliquent pas le texte à la lettre...Pour un État comme la Turquie, qui est ouvertement laïc [...] ils ont fait un tas de concession pour ne pas se conformer au texte (religieux). Donc, pour moi, ça reste une question d'interprétation ou de degré de jusqu'on est capable d'appliquer le texte? Est-ce que le texte est malléable ou pas suffisamment malléable?... et encore ça relève aussi, des principes de la société [...] jusqu'à quel point est-ce que cet élément est problématique? Pour pouvoir l'instrumentaliser [...] par exemple, la question de la flagellation ne se pose pas chez nous (en Algérie) on l'a jamais fait, elle est dans le texte, mais elle n'est pas appliquée (HAL4, installé à Montréal depuis quatre ans).

Bien que la plupart des participants perçoivent la différence entre les valeurs laïques et les principes islamiques comme une sphère d'entente et de partage, une répondante, souligne une articulation harmonieuse selon laquelle il existerait une concordance entre l'islam et la laïcité.

> Honnêtement, je ne vois aucune différence, parce que je me dis qu'une personne qui a la foi, elle a assez de courage pour respecter l'autre et c'est beaucoup plus privé (FAL14, installée à Montréal depuis six ans).

Dans les citations de nos interviewés, on peut sentir une tentative de concilier plutôt que d'antagoniser islam et laïcité. Cela peut être mis en lien avec quelques aspects théoriques de certains auteurs (Al-Ansary, 2002, Lewis, 1993 et Abd al-Raziq, 1994), qui insistent sur la nécessité de changer la vision musulmane archaïque pour l'adapter aux valeurs de la modernité (Al-Ansary, 2002).

5.3.1 Aperçu général des rapports entre islam et laïcité : compatibilité ou incompatibilité

Reprenons cette fois globalement la question du rapport de compatibilité ou non entre valeurs islamiques et laïcité. Six de nos répondants se déclarent très à l'aise avec les normes laïques de la société québécoise, dont quatre hommes et deux femmes. Mais la majorité des répondants considèrent qu'il existe une compatibilité parfois difficile entre les deux sphères (neuf hommes et quatre femmes). En interrogeant nos participants sur la question de la compatibilité ou de l'incompatibilité entre l'islam et la laïcité, la majorité des interviewés ont en effet ouvertement manifesté une certaine compatibilité modérée entre les lois laïques et les lois islamiques. En somme, cette compatibilité est conçue comme une réalité issue des efforts déployés au sein des deux cadres de référence normative: l'islam et la laïcité.

> Compatibilité entière [...] non, mais à mon avis, si je parle en termes de pourcentage, il y a quatre-vingts pour cent (80%) les lois (des deux entités) ne sont pas contradictoires, et vingt pour cent (20%) sont contradictoires. Mais pour ce dernier pourcentage, ça peut être réglé par intelligence pour trouver des solutions d'entente (HAL12, installé à Montréal depuis huit ans).

> La compatibilité entre les deux entités réside dans leur tronc commun, ce dernier visant le partage des lois à caractère humain et universel en général. Quant à leur incompatibilité, il s'agit de leur croisement en ce qui concerne les lois spécifiques de chacune des entités à cause des différences des sources (FAL19, installée à Montréal depuis quatre ans).

Quelques interviewés conçoivent une compatibilité totale entre l'islam et la laïcité, mais par effet d'abortion de la seconde dans la première. Ils constatent que les lois positives tirent leur substance à partir des sources religieuses. Donc, elles sont incluses dans les lois religieuses, comme en témoignent ces répondants :

> Moi je dirai qu'ils sont compatibles, parce que je répète encore une fois, que les lois laïques découlent des lois universelles religieuses (FAL15, installée à Montréal depuis quatre ans).

> À mon avis, les lois laïques comme les droits et les libertés, sont inspirées par le système islamique. Donc, il n'y a pas de contradiction (FAL20, installée à Montréal depuis quatre ans).

Enfin, une seule répondante pratiquante a déclaré que les normes islamiques sont complètement incompatibles avec les droits laïques.

> Ils ne sont pas compatibles du tout. La laïcité est beaucoup plus démagogique [...] Je ne suis pas libre, je ne peux pas pratiquer (la religion). Par exemple, le jeûne pendant le *ramadan*. Donc, les Québécois ne comprennent pas le jeûne, mais pour eux c'est bizarre, comment vous ne pouvez pas manger toute la journée? Et en arrivant à la fête de la fin de jeûne, donc si on demande une journée pour fêter notre jeûne, on n'a pas le droit (FAL16, installée à Montréal depuis trois ans).

Comme nous n'avons pas d'échantillon représentatif qui permettrait de comparer les réponses selon le niveau de scolarité, il est impossible d'affirmer si le haut niveau de scolarité est un facteur qui facilite, pour la majorité des Algériens interrogés, une capacité de dé-essentialisation des normes islamiques. Comme nous l'avons souligné précédemment, tous les répondants de notre échantillon possèdent un diplôme universitaire acquis soit dans des universités québécoises ou dans des établissements universitaires du pays d'origine, ou en France. Mais sans doute que nous pouvons avancer l'hypothèse que le fait de provenir d'un pays où le système politique est laïque (même si les finalités de la laïcité sont souvent déficientes)   facilite la conception d'une certaine compatibilité entre cadre de référence laïque et normes religieuses. Même si on parle en général de laïcité autoritaire en Algérie, il faut considérer que par leur lien à la France, notamment sa présence coloniale en Algérie (1830-1962), les Algériens comprennent mieux le concept de laïcité par rapport à d'autres sociétés arabo-musulmanes.

5.3.2 L'adaptation entre les références islamiques et les normes laïques

En ce qui concerne le taux de satisfaction du vécu de nos répondants touchant leurs valeurs d'origine et les valeurs québécoises, nous pouvons souligner, malgré les difficultés rencontrées notamment dans le marché de l'emploi, qu'une large majorité affirme une évaluation satisfaisante de leur vécu entre les valeurs traditionnelles et les valeurs séculières des Québécois.

Le débat entre l'islam et la laïcité a fait resurgir la question de l'adaptation des immigrants musulmans au sein de la société québécoise (Bouchard et Taylor, 2008). À travers notre démarche, nous voulions savoir si l'attachement à l'islam, en tant que religion, occasionne des difficultés dans le vécu des immigrants algériens, pour vivre au sein des institutions québécoises. Parallèlement à cela, dans quelle mesure, ces Algériens à Montréal peuvent-ils coexister entre deux systèmes de lois, l'un fondé sur le divin et l'autre sur les droits positifs ? Les résultats tendent à montrer que pour nos interviewés, quelle que soit leur situation, ils se sont en général bien adaptés à la société d'accueil. Il semble important de souligner que tous (sauf une exception déjà mentionnée) sont convaincus de pouvoir faire coexister les principes de l'islam avec la laïcité de manière à faciliter le « vivre ensemble » dans la différence (que ce soit parce que l'islam contient les mêmes valeurs que la laïcité soit parce que les tensions entre les deux systèmes normatifs peuvent être résolus par adaptation ou réinterprétation). Autrement dit, la majorité des interviewés a voulu investir ce contact bilatéral de coexistence comme une opportunité de vivre en conciliation, et non comme un conflit.

> En réalité, je ne trouve aucun problème. Par exemple, dans l'entreprise où je travaille, les choses sont ordinaires. On me permet de faire mes prières pendant les heures de travail, et dans un endroit aménagé. Mes collègues non musulmans, non seulement ils me respectent, mais ils sont curieux en voulant savoir ma pratique religieuse (HAL6, installé à Montréal depuis deux ans).

> L'islam incite tout le monde de vivre en commun, mais il y a des limites à ne pas dépasser. Là où les préceptes de la religion m'interdirent de franchir ces limites. Donc, d'une manière générale, je peux coexister avec eux sans difficulté, ça dépend aussi de la personnalité. Certes, en tant que musulman on vit quotidiennement avec la religion, mais cette dernière ne me freine pas pour vivre avec l'autre (HAL1, installé à Montréal depuis neuf ans).

Pour une minorité des répondants, la coexistence est parfois difficile, notamment au niveau du marché du travail, que ce soit lors de la recherche d'emploi ou à travers le travail. Lors d'une entrevue d'embauche, la perception d'une attitude discriminatoire de la part d'un employeur vis-à-vis un de nos répondants illustre cette situation :

> Oui, il y a des difficultés, surtout dans le marché du travail. J'ai rencontré ces difficultés en cherchant un travail. Dès qu'il (l'employeur) a vu le nom arabe, au cours d'une entrevue, les problèmes ont commencé. Il m'a demandé si je suis musulman et si je suis pratiquant, et est-ce que je jeûne le *ramadan*? Finalement, on m'a refusé le poste. Le cas est le même pour un employé. Par exemple, il y a des employeurs qui refusent aux employés de confession musulmane d'accomplir leurs obligations religieuses pendant les heures de travail. D'autres employeurs

accordent une certaine pratique religieuse, mais au cours des heures de pauses. Malgré ça, en pratiquant ma prière dans une pause, et sous les regards des non musulmans, cela me dérange énormément (HAL5, installé à Montréal depuis huit ans).

5.3.3 Les perceptions d'incompatibilité entre certains principes islamiques et les normes laïques

Malgré que nous avons noté chez nos répondants, comme illustré plus haut, une compatibilité entre leurs valeurs d'origine et celles de la société d'accueil, cela ne signifie pas qu'ils conçoivent cette compatibilité comme totale et entière. Nous avons voulu cerner les situations qu'ils jugent incompatibles. Selon leurs déclarations, ils ont d'abord bien affirmé que leur respect à la *charia* (du moins sous certains aspects) ne signifie pas qu'ils désirent islamiser les lois séculières québécoises ou les remplacer par les normes islamiques (comme le craint un certain courant d'opinion au Québec). Dans leur nouvel environnement, ils ont tenu à vivre certains principes de la *charia* comme une source de droit régissant leur vie privée, mais aussi, pour la sphère publique tout en respectant les limites permises par le modèle laïque québécois.

En tant qu'Algérien musulman pratiquant, je suis convaincu que l'islam et la laïcité sont relativement compatibles. On peut s'entendre sur plusieurs niveaux de compatibilité, mais il y a des limites qui les rendent incompatibles (HAL11, installé à Montréal depuis huit ans).

Dans ma nouvelle société, je suis compatible avec ce que vivent les Québécois. Malgré que mon intégration nécessite beaucoup d'efforts à un point où je peux, par exemple, reporter ma prière quand je suis au travail, mais je ne suis pas prête à enlever mon *Hijab* pour pouvoir occuper un poste spécifique dans les institutions publiques québécoises (FAL20, installé à Montréal depuis quatre ans).

Malgré l'incompatibilité, et mis à part des cas hautement médiatisés, nous n'avons pas assisté à des tensions pouvant nuire au vécu des Québécois et des immigrants en général (HAL3, installé à Montréal depuis quatre ans).

Nos répondants ne pensent pas que leur respect de préceptes islamiques doive générer conflits ou confrontations dans la vie publique. Les incompatibilités

71

concernent plus explicitement ce qui est perçu comme relevant de la sphère privée. Il en est ainsi du statut des femmes selon la *charia* versus celui que leur confèrent les normes laïques occidentales. Selon nos répondants, la nécessité d'adopter des reformulations rationnelles des lois islamiques en vue de les rapprocher aux lois laïques est primordiale.

> On vient d'un pays où le système de divorce est en faveur des hommes, donc je préfère l'autre (laïque) [....] Je n'appuie pas l'installation des lieux de cultes, mais je ne suis pas non plus contre l'accommodement à l'égard de cette installation (FAL14, installée à Montréal depuis six ans).

> Le *fiqh* islamique demande beaucoup d'efforts pour qu'il puisse répondre aux besoins de la famille moderne. Le code laïc de la famille a pris en considération plusieurs mesures préventives pour mieux protéger les femmes et les enfants (FAL18, installée à Montréal depuis six ans).

> Certes, il y a des cas d'incompatibilités entre la charia et les droits laïques. Pour moi, il y a des principes de la charia non négociables. Les plus fréquents sont la consommation des aliments *halals*, les transactions fondées sur le *riba* (le taux des intérêts bancaires) et le port de vêtement affirmant une conviction religieuse en particulier, le voile de la femme musulmane (HAL2, installé à Montréal depuis trois ans).

Il est intéressant de noter que, comme dans toute tradition, une certaine sélectivité s'opère entre les deux systèmes normatifs.

5.4 L'évaluation des obstacles et des stratégies d'intégration par les immigrants algériens

En analysant ce que nos interviewés perçoivent comme des difficultés à leur intégration, nous avons pu déceler la nature de leurs stratégies d'intégration entre les principes de l'islam et les valeurs laïques québécoises. D'abord, nous avons noté une indépendance et une marge importante de liberté au niveau de la pratique religieuse dans les lieux de culte, et même dans certains espaces publics. Cette autonomie et cette liberté s'explique par la particularité du modèle laïque québécois, relativement ouvert, caractérisé par la liberté religieuse, la non-ingérence de l'État dans les affaires de la religion et la neutralité de l'État envers les choix optés par les individus au sein de la société, comme l'attestent Bouchard et Taylor dans leur rapport intégral d'enquête concernant l'ouverture du modèle laïc québécois (Bouchard et Taylor, 2008).

L'obstacle le plus récurrent s'observe notamment au niveau du marché du travail. Ce dernier est perçu comme présentant certaines formes de discrimination, particulièrement envers une partie des immigrants musulmans à cause de leur attachement à l'islam en tant que religion.

> Je n'ai pas eu de problème en ce qui concerne la conservation de mes valeurs religieuses, mais le problème se pose essentiellement au niveau du travail. Ma femme, par exemple, a trouvé beaucoup d'obstacles à cause de son voile, et quant à moi, malgré les formations que j'ai faites à Montréal, c'est après cinq ans je j'ai obtenu difficilement un travail (HAL13, installé à Montréal depuis six ans).

Certains employeurs québécois considèrent l'islam comme un facteur problématique, notamment par rapport à la pratique religieuse qui dérange pendant les heures de travail, ce qui rendrait leur intégration professionnelle difficile. S'ajoute à cela le haut degré de scolarité qui devient un obstacle pour l'Algérien montréalais voulant occuper des postes exigeant un niveau de scolarité collégial et secondaire.

Il est important de souligner que seize de nos répondants, dont neuf hommes et sept femmes, ont signalé qu'ils ont connu des obstacles mineurs dans leur processus d'intégration. Par ailleurs, quatre répondants ont considéré qu'il n'y avait pas d'obstacle. Mais aucun répondant n'a relevé qu'il puisse y avoir des obstacles majeurs à l'intégration des Algériens en ce qui concerne la religion musulmane.

> Franchement, pour l'instant, non. (pas d'obstacles) Peut-être qu'il y aura, pour l'instant, je ne vois pas d'obstacles dans cette société québécoise. Par rapport à leur culture... peut-être... mais ce n'est pas vraiment un obstacle... En travaillant

avec les Québécois ou faire des études avec eux est la meilleure stratégie d'adaptation et d'intégration (HAL7, installé à Montréal depuis deux ans).

Par contre, nous avons aussi entendu plusieurs témoignages relatifs à des obstacles professionnels liés à la non-reconnaissance des diplômes.

> Beaucoup (d'obstacles), on commence par notre évaluation comparative des diplômes. Ça n'existe pas qu'ici au Québec. Pour travailler, il faut avoir une évaluation [...] une évaluation c'est pas un diplôme [...] L'employeur peut t'accepter comme il ne peut pas t'accepter. Un diplôme qui n'est pas fait dans l'une des universités québécoises, il ne va pas passer. Tu ne vas pas même à l'entrevue du tout (FAL17, installée à Montréal depuis quatre ans).

La difficulté de bénéficier de congé pour les fêtes religieuses musulmanes (la fête d'*El-fitre* et la fête d'*Adha*) a été relevée plusieurs fois :

> Je vous dis franchement, quand on vient et qu'on laisse tout derrière nous, et qu'on arrive dans un pays où tous les citoyens ont droit de fêter leurs fêtes religieuses, alors que moi, le jour de l'Aïd, c'est le jour où on rompt notre mois de carême (ramadan), moi j'étais en cours de 8 heures du matin à 5 heures de l'après-midi. Mes enfants n'ont pas le droit à cette fête (FAL18, installée à Montréal depuis quatre ans).

Les médias sont aussi pointé du doigt quand il s'agit de l'image présentée de l'islam et de sa perception sociale :

> Pour être honnête, pour eux (les Québécois), nous les musulmans, on représente un danger. C'est à cause des médias. (HAL13, installé à Montréal depuis six ans)

Un autre obstacle se traduit par l'exclusion des femmes algériennes portant un costume à caractère religieux (*Hijab*) par certains employeurs dans le marché de travail.

> Pour les femmes portant le *Hijab,* il existe des difficultés au niveau de leur insertion au niveau du marché de l'emploi. Les employeurs montréalais non musulmans n'aiment pas engager des femmes voilées à cause de leur pratique religieuse. Personnellement, durant les quelques entrevues que j'ai eues, je n'étais pas acceptée. Je sais, c'est à cause de mon *Hijab*. J'étais formée dans mon pays d'origine en tant

74

qu'éducatrice spécialisée avec une expérience importante, mais je suis toujours sans emploi (FAL19, installée à Montréal depuis quatre ans).

Tous ces motifs rendent l'intégration professionnelle et sociale difficile. S'ajoute à cela le haut niveau de scolarité (universitaires) disqualifiant les demandeurs d'emploi pour occuper des postes qui s'adressent aux candidats de niveau collégial et secondaire. Rappelons que tous les participants dans cette étude possèdent des diplômes universitaires de premier, deuxième et troisième cycles. Malgré les obstacles entravant leur intégration à Montréal, les Algériens interviewés ont fait montre d'une volonté importante d'adaptation dans la nouvelle société. La stratégie d'intégration de nos répondants vise globalement à associer les lois les plus compatibles entre les deux entités, la laïcité et l'islam.

> Pour s'intégrer à la nouvelle société, il faut être souple avec eux [...] Par exemple, lors d'une invitation à une soirée de dîner proposée par un Québécois, j'accepte l'invitation. Mais à table, je mange juste la nourriture *Halal* et je m'abstiens de consommer des choses illicites (HAL1, installé à Montréal depuis neuf ans).

L'adoption d'une conduite non conflictuelle, une manière de vivre ensemble et en conciliation avec les membres de la société d'accueil, tout en évitant les confrontations en cas de différence.

> J'adopte une politique pacifique en vivant ma liberté d'une manière ordinaire sans toucher la liberté des autres. J'essaie d'éviter les mauvaises interprétations de l'islam tout en s'échappant aux confrontations, et en cas de conflits, je négocie pour arriver à une solution (HAL5, installé à Montréal depuis huit ans).

La découverte de la culture de la société d'accueil et le respect de leur tradition et de leurs mœurs représentent des pistes importantes pour l'intégration. Investir dans le monde des études dans les établissements d'enseignement afin d'approfondir la compétence scientifique est une manière d'acquérir le savoir et l'expérience québécoise.

> En général, je suis satisfait de mon vécu à Montréal sous la protection des lois laïques. C'est un État (Québec) qui assure le principe du pluralisme culturel et

religieux, et grâce à ce pluralisme je pratique ma religion sous la protection de la laïcité québécoise (HAL6, installé à Montréal depuis deux ans).

5.4.1 Les accommodements raisonnables

L'accommodement raisonnable est un outil d'intégration pour certains répondants, mais pas pour tous. En effet, une minorité de nos répondants, dont trois femmes et un homme, a avoué avoir refusé de formuler des demandes d'accommodements en raison de certaines convictions « laïques », bien qu'ils se définissent comme pratiquants modérés. Ils considèrent devoir épouser d'abord l'appartenance citoyenne plutôt que l'appartenance religieuse. D'après eux, le respect des préceptes islamiques est sans doute important, cependant la conformité aux valeurs séculières de la société québécoise est une priorité pour leur intégration. Ce qui renforce cette conception, c'est surtout que les nombreuses réactions négatives aux demandes d'accommodements raisonnables peuvent être nuisibles à leur réputation en tant que communauté au Québec. Un participant a justifié, par cette courte citation, son renoncement à l'accommodement afin être d'abord un citoyen.

On veut être des citoyens au sens propre du terme. On se stigmatise par le fait qu'on accepte d'être accommodé (HAL13, installé à Montréal depuis six ans).

Une répondante nous fait part de son désaccord avec la non-mixité en faveur des femmes musulmanes qui désirent qu'on leur réserve des heures dans des piscines publiques.

À partir du moment où les musulmans ont accepté de venir ici (au Canada), ils devraient accepter ce qu'ils trouvaient ici. On n'est pas obligé d'imposer quelque chose... Moi je ne suis pas concernée (par cet accommodement), moi je nage où je veux. Je suis musulmane et ça me dérangerait pas de nager avec les autres (les hommes) (FAL17, installée à Montréal depuis quatre ans).

D'autres répondants, soit la majorité, sont conscients que l'accommodement raisonnable est une mesure de protection contre toute forme de discrimination et afin d'acquérir le droit à l'égalité, ils doivent recourir à ces accommodements.

> Au nom du pluralisme, nous devons accepter et même réclamer la demande des accommodements et en particulier les accommodements à titre religieux (HAL1, installé à Montréal depuis neuf ans).

> En tant que pratiquant, l'accommodement raisonnable est utile pour moi (HAL5, installé à Montréal depuis huit ans).

> L'accommodement raisonnable pour une minorité visible, comme le cas de notre communauté, représente un parapluie qui nous met à l'abri des discriminations (HAL10, installé à Montréal depuis six ans).

Il s'avère que les résultats obtenus aux énoncés relatifs aux demandes des d'accommodements raisonnables ont pu démontrer, d'abord pour une première tendance décelable dans notre échantillon, que la culture laïque des répondants était à la base de leur décision, insistant sur leur refus d'accepter ou de demander des accommodements. Il importe aussi de souligner que ces répondants se sont déclarés comme des pratiquants modérés et de là, en acceptant ces accommodements religieux, ils ne se sentent pas à l'aise dans leur vécu au sein de la société d'accueil.

Quant à la deuxième tendance identifiée, soit le refus des accommodements, les répondants qui se sont ainsi exprimés ainsi ont déclaré un degré de religiosité plus faible. L'équation, sans surprise, est donc la suivante : moins on est pratiquant, plus on évite l'accommodement et plus on est pratiquant, plus on est en faveur de l'accommodement.

5.4.2 La situation des femmes algériennes attachées à l'islam à Montréal

Les réponses obtenues relatives au vécu de la femme musulmane dans le contexte laïque québécois et sa place dans l'islam par rapport à l'homme nous permettent d'identifier deux tendances distinctes.

La première tendance représente une minorité des participants (3 femmes) qui ont pu épouser les valeurs séculières des Québécois sans faire appel à leur référence religieuse d'origine. Selon ces répondantes, cette position n'affecte pas le respect entre les nouvelles valeurs vécues et leurs valeurs d'origines pour pouvoir s'adapter dans la nouvelle société. Ainsi, pour éviter de vivre des problèmes de discrimination associés à leur différence avec les Québécois, elles déclinent, en vue de leur adaptation, toutes formes d'accommodements raisonnables. Les raisons pour lesquelles ces Algériennes ont épousé les valeurs laïques de la nouvelle société résident dans la construction de leur identité d'origine développée à travers leur socialisation et influencée par une certaine éducation familiale teintée par une culture française laïque. Cette dernière, présente notamment dans les grandes villes algériennes, a été héritée depuis l'occupation française en Algérie tel souligné par Khelil dans ses ouvrages portant sur l'immigration algérienne et maghrébine en France (Khélil, 1991, 2004).

Certaines femmes sont contre les accommodements basés sur la religion:

> Non je ne suis pas contre la mixité dans une piscine [...] Pour des raisons plus civiques plutôt que religieuses. On vient d'un pays où le système de divorce est en faveur des hommes, donc je préfère l'autre (laïque) [...] Je n'appuie pas l'installation des lieux de culte, mais je ne suis pas non plus contre l'accommodement à l'égard de cette installation (FAL14, installée à Montréal depuis six ans).

Là, je ne suis pas d'accord du tout. (l'installation des lieux de culte dans les institutions publiques) Sincèrement, je suis musulmane, je pratique ma religion cinq fois dans la journée quand je suis à la maison. Et quand je rentre de l'université, je fais ma prière. Pas besoin de la faire en milieu du travail, c'est pas un lieu de culte (FAL18, installée à Montréal depuis quatre ans).

Cette minorité avoue préférer une démarche juridique laïque pour agir d'une manière plus équitable envers le droit des femmes, notamment en cas de divorce et de la garde des enfants. Elles ont souligné que le statut actuel de la femme dans la jurisprudence de plusieurs pays arabo-musulmans ne répond pas aux critères des droits des femmes dans les sociétés occidentales et plus précisément au Canada et au Québec. Ces déclarations rejoignent quelques aspects des approches des auteurs arabo-musulmans préconisant la possibilité d'adopter une nouvelle vision juridique à partir d'une critique moderne de la jurisprudence musulmane en produisant une relecture objective des conduites musulmanes, notamment les lois relatives aux droits de la femme, à travers le vécu historique des musulmans (Al-Ansary, 2002). Dans cette même optique, la révision de l'héritage juridique archaïque musulman est le seul moyen pour concilier les principes de l'islam aux valeurs laïques (Abderraziq, 1994, Mahmoud Taha, 2002 et Talbi, 2002).

En ce qui concerne la deuxième tendance, soit la majorité des répondants (12 hommes et 5 femmes) nous avons remarqué leur attachement aux préceptes de l'islam ainsi qu'une ouverture et une tolérance envers les valeurs de la société d'accueil. Selon cette démarche, ces répondants considèrent que leur position envers la femme préconise essentiellement la préservation de leur identité d'origine, ce qui les amène à favoriser la transmission de cet héritage identitaire à leurs enfants. La justification avancée est souvent celle de la complémentarité des sexes comme conception de l'égalité. Des répondants ont décrit la place de la femme musulmane en témoignant :

Selon l'islam, la femme est égale à l'homme. À partir de cette égalité, il y a une complémentarité où l'un complète l'autre, et vice versa. Il y a des fonctions partagées entre les deux sexes, c'est-à-dire chacun peut les accomplir, et d'autres tâches réservées uniquement aux hommes et d'autres réservées spécialement pour les femmes (HAL3, installé à Montréal depuis quatre ans).

Ce que je pense, la femme en islam occupe une place meilleure. La femme a une valeur incommensurable en islam. Vous savez que la femme en islam c'est le pilier [...] les décisions sont prises par les femmes [...] C'est la femme qui gère tout. Elle a la meilleure place, elle a une énorme importance (FAL18, installée à Montréal depuis quatre ans).

Vous savez que notre bon exemple c'est notre prophète qui a été un gérant commercial dont le propriétaire est sa femme *Khadîdja*. Le prophète est marié avec plusieurs femmes, c'est pour des raisons d'amour, d'égalité, de respect, de fraternité (HAL10, installé à Montréal depuis six ans).

En ce qui concerne la question relative à la mixité des femmes dans les piscines publiques à Montréal, la majorité écrasante, représentée par dix-sept répondants dont douze hommes et cinq femmes, a considéré que la présence des femmes à côté des hommes dans la même piscine est un acte inacceptable. Pour eux, la non-mixité est une affaire indiscutable parce qu'ils l'interprètent comme faisant partie des interdictions au nom de l'islam.

J'appuie l'accommodement qui sert à réserver des heures précises en faveur des femmes musulmanes loin des regards des hommes, à condition que ceci ne perturbe pas la réputation et le roulement du service de l'institution. Je pense que deux heures par semaine ou par mois ne dérangent pas les valeurs des autres non musulmans (HAL5, installé à Montréal depuis huit ans).

Dans le cas du divorce et de la garde des enfants, la majorité des répondants tentent de faire concorder le plus possible les préceptes laïques et islamiques quand ce n'est pas de marquer la supériorité des seconds sur les premiers. Ainsi, la majorité des participants (18) a opté pour les préceptes islamiques plutôt que pour les préceptes laïques sur ces deux questions. Selon ces répondants, se conformer au droit positif laïc entraîne une atteinte à la religion et aux droits des femmes selon les prescriptions islamiques.

Si on me donne la chance de choisir dans ce contexte, je préfère les préceptes islamiques et cela pour plusieurs raisons. D'abord, je crois que les lois de la *charia* régissant les affaires des femmes musulmanes sont supérieures et plus flexibles par rapport aux lois laïques. Je pense aussi que les lois islamiques prennent en considération les circonstances des lieux et des temps, ainsi que le côté humain. Ce sont des moyens qui protègent davantage les intérêts des femmes et leurs enfants pour qu'elles restent indépendantes et libres (FAL20, installée à Montréal depuis quatre ans).

Quant au port du foulard dans le milieu du travail, il est primordial de noter que nos interviewés ont tous soutenu le port de cette prescription religieuse en déclarant qu'il s'agit d'un choix vestimentaire et un droit individuel issu de la liberté de religion. Ils avouent que c'est un signe de religiosité et d'affirmation de soi qui ne dérange personne, que ce soit dans les milieux de travail ou dans les lieux publics.

Je favorise la femme voilée dans le milieu de travail parce que c'est un phénomène acceptable et qui ne dérange personne, exactement comme le cas des autres qui favorisent la femme presque dévêtue au travail et le reste des institutions publiques. Donc, pourquoi, au nom de la liberté et les droits de la personne, on accepte la presque dévêtue et on refuse la voilée. C'est injuste à mon humble avis (HAL9, installé à Montréal depuis trois ans).

Je ne peux pas me dire pour ou contre, c'est son choix de se voiler ou de se dévoiler. C'est sa liberté (HAL13, installé à Montréal depuis six ans).

Non, ça ne me dérange pas cette présence de la femme voilée dans le milieu de travail. Il ne s'agit pas uniquement d'une question de liberté, mais aussi, c'est une question de respect envers ses convictions religieuses (FAL15, installée à Montréal depuis quatre ans).

Rappelons que du point de vue juridique au Québec, le droit à l'expression de son appartenance religieuse est garanti. Ainsi, selon Bosset, la liberté de religion au Canada et au Québec non seulement est un droit assuré par l'article 2 de la Charte canadienne des droits et libertés et par l'article 3 de la Charte des droits et libertés de la personne du Québec, mais elle représente aussi une garantie englobant l'expression de sa manifestation (Bosset, 2005). Nos répondants perçoivent positivement de droit laïque à une expression qui relève de la religiosité.

Nos interrogés étaient largement en faveur de l'installation des lieux de culte dans les institutions publiques québécoises. C'était le cas pour dix-neuf répondants, dont treize hommes et six femmes, appuyant cette démarche contre seulement une femme répondante déniant cette volonté de fonder des mosquées. Nous avons remarqué que la majorité appuyant cet accommodement souhaite voir l'aménagement des salles de prière répandu dans toutes les instances publiques québécoises.

> Je suis parmi les demandeurs qui réclament l'installation des lieux de culte dans les institutions publiques québécoises pour que les musulmans puissent être ponctuels en accomplissant leurs prières quotidiennes (HAL6, installé à Montréal depuis deux ans).

> Personnellement, je suis pour l'installation des lieux de prière parce que c'est une recommandation de Dieu de faire la prière dans un temps bien précis et de préférence en groupe dans un espace aménagé à cette raison (FAL20, installée à Montréal depuis quatre ans).

5.4.3 La fidélité à la *charia* et le respect des valeurs laïques : musulmans dans une société laïque

La fidélité aux prescriptions de la *charia* est d'abord liée, selon plusieurs répondants aux comportements des personnes et à leur degré de foi et de pratique. Les réponses de nos interviewés sont restées vagues quant à savoir précisément ce que recouvrent pour eux les principes de la *charia*, car on parle autant de valeurs humanistes, comme le respect d'autrui et la tolérance, que de préceptes moraux, comme la non-mixité et des préceptes vestimentaires. Pour ceux qui se situent eux-mêmes dans la catégorie de « pratiquant », ils affirment s'adapter relativement bien aux valeurs laïques dans la nouvelle société, mais de façon moindre par rapport à ceux qui se déclarent « modérément pratiquant ». Donc, on peut affirmer que les principes islamiques perçus comme non négociables vont amener les individus porteurs de ces convictions à négocier des accommodements pour respecter leur préceptes religieux dans des espaces institutionnels laïques, ce qui peut avoir des effets négatifs sur l'intégration, selon les quelques répondants qui s'opposent aux accommodements basés sur des motifs religieux.

La première catégorie, et à travers les déclarations des interviewés majoritaires se distinguant comme pratiquants, a exprimé une volonté de conserver leur appartenance à l'islam se traduisant par une certaine fidélité aux lois de la *charia* tout en respectant le contexte non musulman dans lequel ils vivent. Dans cette optique, ils ont avoué, malgré leur religiosité plus ou moins ouverte, avoir entretenu de bons rapports avec la société d'accueil et démontré une volonté de vivre au sein de la nouvelle société séculière québécoise, qui représente une voie favorisant une atmosphère d'entente et de partage. Dans cette optique, affirmant ce rapport mutuel entre les lois de la *charia* et les lois laïques du contexte québécois, un de nos répondants intervient en témoignant :

> Si on applique l'islam dans cette société, (montréalaise) on ne peut pas rencontrer de difficultés. La *charia* et les lois laïques recommandent les citoyens à être plus organisés et plus positifs. Nous les musulmans, et dans ce cas, nous devons être plus conscients qu'eux. Donc, nous pouvons vivre une certaine complémentarité et non une dissonance. Si je rencontre des lois laïques qui se croisent négativement avec la *charia*, je les évite. Pour moi, je peux reporter la prière en cas d'empêchement, mais la consommation des aliments *Halal* et le *hijab* de la femme musulmane sont non négociables (HAL2, pratiquant, installé à Montréal depuis trois ans).

Pour un autre répondant, il suffit de respecter les valeurs des Québécois pour qu'ils facilitent l'accès à vivre les deux, l'islam et la laïcité.

> Moi aussi, je viens d'un pays qui a vécu et qui vit l'islam et la laïcité. À Montréal, il suffit de respecter les lois de la société d'accueil pour vivre les deux entités. Personnellement, je n'ai pas rencontré, jusqu'à présent, des situations de conflits de ce genre (HAL12, pratiquant, installé à Montréal depuis huit ans).

Un répondant a affirmé avoir de bons rapports avec les membres de la nouvelle société par une relation de concordance entre les valeurs laïques et les principes de la *charia* :

Dans la charia, il y a des textes fermes qu'on doit respecter, comme l'exemple de *Riba* (L'intérêt bancaire) qu'on ne doit pas l'approcher [...] Il y a une certaine flexibilité dans la *charia,* comme par exemple la prière que je peux la reporter si je suis dans le milieu de mon travail pour prouver un respect envers les lois professionnelles ici au Québec (HAL8, pratiquant, installé à Montréal depuis quatre ans).

À Montréal, la volonté d'adapter l'islam au contexte laïque illustre l'approche de plusieurs auteurs pour qui l'appartenance religieuse n'est pas incompatible avec la participation citoyenne dans le pays d'accueil. Notamment Potvin a montré que c'est grâce aux valeurs islamiques appuyées par l'univers symbolique des musulmans, que les immigrants musulmans au Québec maintiennent un équilibre entre le spirituel et le matériel (Potvin, 2004). Dans cette vision, et selon cette auteure, par le biais d'une conception de l'universalité des valeurs islamiques, la participation des musulmans à la vie publique est conçue par eux comme une contribution partageable au-delà de la communauté (Potvin, 2004).

En ce qui concerne la deuxième catégorie, soit les pratiquants modérés, on remarque qu'afin d'éviter des situations difficiles, un certain respect des valeurs laïques pousse des individus à être, pourrait-on dire, « spirituellement islamiques » et « matériellement laïques ». D'après leurs réponses, on constate qu'ils essaient de réinterpréter certaines lois islamiques pour se conformer au contexte de la nouvelle société. L'interprétation nécessite la concertation des spécialistes des études religieuses, des théologiens et des imams résidants au Québec, mais aussi ceux qui viennent des pays arabes et d'ailleurs pour aider la communauté arabo-musulmane à Montréal, en vue d'adopter des solutions à leurs problèmes d'actualité dans l'environnement séculier de la société québécoise.

Quelques répondants se définissant comme pratiquants modérés sont unanimes à considérer, selon leur propre expérience à Montréal, qu'ils peuvent mener une vie harmonieuse englobant le droit musulman (*charia*) et le droit positif (laïque) comme c'est le cas à travers ces témoignages :

> C'est la *charia* elle-même qui nous recommande de respecter l'autre. Dans le cas de mon vécu à Montréal, en appliquant cette recommandation, je peux rester fidèle aux lois de la charia et appliquer ses prescriptions, mais qui ne perturbent pas l'espace public (HAL6, pratiquant modéré, installé à Montréal depuis deux ans).

> En tant que musulman, je pense que l'islam est une religion universelle, donc ma religion ne me pose pas de problème de vivre avec des gens laïcs. En cas de difficultés, je demande conseil auprès des spécialistes (HAL7, pratiquant modéré, installé à Montréal depuis deux ans).

> Pour moi, une seule chose c'est le respect, le respect de la différence. Tout se base sur le respect. Si tu te respectes et tu respectes les autres, tu peux accepter tout. Il faut s'ouvrir aussi, accepter la différence. C'est en acceptant la différence qu'on peut s'intégrer et comprendre les autres. Sinon ça sera difficile même pour nous de s'accepter dans cette société. C'est pour ca, pour nos enfants qu'on doit leur expliquer dès maintenant, pourquoi cette différence, pour qu'ils puissent s'intégrer, et puissent identifier eux même (FAL17, pratiquante modérée, installée à Montréal depuis quatre ans).

Il y a lieu de remarquer à ce propos que d'autres répondants modérés ont mis l'accent sur la facilité de vivre dans la nouvelle société, parce qu'ils ont déjà vécu cette expérience, à des degrés divers, lorsqu'ils étaient dans leur pays d'origine[11]. Selon ces participants, malgré les divergences, le rapprochement entre les valeurs laïques et les principes de la charia est possible.

> En ce qui me concerne, je n'ai jamais entendu quelqu'un qui a été flagellé (en Algérie). Donc, si ça fait partie de la loi islamique, c'est un *Houkm* (loi). Je pense que c'est l'extrême, mais cet extrême n'a été jamais appliqué dans mon pays. [...] Moi je pense pas qu'il y a une chose qui n'est pas négociable (HAL4, installé à Montréal depuis quatre ans).

> En tant que femme musulmane, j'affirme que dans les limites permises par le modèle laïque québécois, plus au moins ouvert, je peux vivre avec mon identité d'origine tout en conciliant celle-ci avec les normes séculières des Québécois. Je peux faire ça,

---

[11] Le système du pouvoir politique algérien se compose de deux volets : Les lois laïques issues de la juridiction française et les lois de la charia découlant des sources coraniques, prophétiques et les efforts des érudits.

parce que premièrement, la plupart des actes religieux que j'accomplis sont inclus dans la sphère privée, donc ça ne dérange personne. Deuxièmement, je peux réaliser cette double identité, même dans l'espace public, par la spécificité du droit musulman, méconnu par la plupart des non-musulmans, qui se fonde sur des lois à caractère humain, élaborées par l'*Ijtihad* des spécialistes qui peuvent trouver d'autres pistes juridiques dans le but d'aider les minorités musulmanes occidentales à vivre dans le contexte non musulman (FAL19, pratiquante modérée, installée à Montréal depuis quatre ans).

En somme, ces répondants se déclarant pratiquants modérés affirment n'avoir aucune difficulté à vivre avec les valeurs laïques de la société d'accueil, concevant que l'interprétation de l'islam demeure ouverte et adaptable dans divers contextes.

La fidélité à la *charia* et le respect des lois positives des droits de l'homme au Québec, selon la vision dégagée par nos répondants se déclarant pratiquants modérés, appuient des approches telles que perçues par un grand nombre d'intellectuels arabes, notamment Mohamed Talbi, qui suggère de revivre une spiritualité permettant d'afficher une affiliation musulmane, mais intérieurement et non dans la dimension géographique. Il s'éloigne des approches de certains islamistes qui considèrent que la *charia*, par sa nature sacrée, est immuable, mais la *charia,* selon Talbi, représente une construction humaine inspirée par les grandes lignes des textes juridiques coraniques (Talbi, 2004).

Pour conclure, il est important de noter que tous les participants, pratiquants et pratiquants modérés, ont pu se conformer aux lois (sélectionnées tout de même..) de la *charia,* mais dans les limites permises par les valeurs laïques de la société d'accueil. Ce qui semble important, après avoir analysé cette question, c'est la volonté de vivre au sein de la société laïque. Pour tous les répondants, pratiquants et pratiquants modérés, les deux appartenances pouvaient se combiner mutuellement dans une sphère de respect et d'entente.

CONCLUSION

Au fil de cette étude, nous avons voulu cerner « Comment les immigrants algériens qui pratiquent l'islam à Montréal vivent-ils leur intégration, entre les principes de l'islam et les valeurs laïques dans la société québécoise? ». À partir d'une vingtaine d'entrevues auprès de répondants ayant accompli une scolarité universitaire, nous avons découvert que, dans leur vie quotidienne, ces Québécois d'origine algérienne et musulmane témoignent d'une conciliation relativement aisée entre leur tradition d'origine et la laïcité. Ce résultat a confirmé notre hypothèse principale. Cette vérification s'est basée sur les témoignages à l'effet que malgré les difficultés et les obstacles rencontrés dans leur parcours d'intégration (notamment au milieu du travail), ces immigrants algériens adoptent majoritairement une volonté d'adaptation entre les principes islamiques et les valeurs séculières de la société québécoise.

Nous ne pouvons pas, dans la limite de notre étude, mettre en lumière tous les enjeux et les facteurs favorables et défavorables de l'intégration, parce que cette dernière est un processus complexe pouvant s'étendre sur plusieurs années. Toutefois, nous avons pu montrer, à travers les déclarations des répondants, une capacité de négocier et interpréter de manière plus souple, pour plusieurs, certains préceptes religieux, alors que d'autres demeurent non négociables pour quelques personnes interrogées (comme le droit de la femme de porter le hidjab). Le but demeure celui de tenter d'adapter l'islam dans le contexte québécois. Ainsi, en cas de conflits et particulièrement dans le marché du travail, la majorité des participants ont déclaré qu'ils peuvent prier chez eux et après les heures de travail sans qu'il soit nécessaire de prier sur les lieux de travail ou à la mosquée. Les immigrants algériens interrogés ne voient donc pas d'incompatibilité radicale entre les aspects de leur identité fondés sur la tradition religieuse et leur appartenance citoyenne au sein de la sphère publique.

Selon les propos que nous avons pu recueillir, la majorité de nos répondants ont une conception de la laïcité comme n'étant pas incompatible avec l'islam. Cette conception de la laïcité, impliquant l'autonomie réciproque des sphères religieuse et politique, n'est sans doute pas étrangère à leur haut niveau de scolarisation qui favorise probablement une compréhension des débats sociaux actuels, mais est aussi imputable au fait qu'ils ont connu une forme d'application de la laïcité au sein de la société algérienne. Pour plusieurs, pratiquants comme pratiquants modérés, les valeurs de l'islam représentent des fondements éthiques et esthétiques universellement partageables. Nous avons vu toutefois que les valeurs associés à l'islam sont sélectionnées et se réfèrent tout aussi bien à des principes humanistes, tels que le respect de l'autre et l'égalité, qu'à des préceptes plus exclusivement religieux (musulmans), comme la non mixité ou l'obligation de la prière. Rappelons toutefois pour une minorité, l'islam comporte déjà les principes de la laïcité et ceux-ci ne sont que des dérivés des principes religieux.

Les musulmans interrogés sont, comme dans les autres traditions religieuses, sélectifs et réinterprètent souvent les normes religieuses, quel que soit leur degré de religiosité. Cette analyse a illustré, à partir d'un petit échantillon certes, que la volonté de coexister avec les autres Québécois incite ces musulmans à trouver des stratégies d'adaptation des valeurs islamiques dans un milieu laïque.

En ce qui concerne les obstacles et les stratégies d'intégration de nos répondants au sein de la nouvelle société, la majorité, et en dépit des difficultés rencontrées, a évalué son vécu comme étant une expérience satisfaisante dans la société d'accueil. Cette satisfaction est renforcée, selon nos participants, notamment par la liberté religieuse et la neutralité de l'État envers les choix opté par les individus, deux avantages assurés par le modèle laïque québécois. Le domaine de l'intégration au marché du travail est perçu par plusieurs comme le principal foyer d'embûches potentielles pour les musulmans qui veulent respecter certains préceptes religieux.

Leur stratégie d'adaptation peut se décliner selon les éléments suivants :

1- associer les lois flexibles des deux entités, la laïcité et l'islam;

2- adopter une conduite pacifique;

3- vivre ensemble en conciliation;

4- éviter les confrontations;

5- découvrir la culture de la société d'accueil;

6- respecter leurs traditions et leurs mœurs;

7- investir dans le monde des études;

8- acquérir le savoir et l'expérience québécoise.

Mais malgré cette satisfaction, nous avons enregistré certaines difficultés d'intégration chez une minorité des participants, dont certaines que nous tenons à rappeler :

· Un ressenti de discrimination dans le marché du travail (discrimination raciale: le nom arabe; discrimination religieuse : refus de certaines pratiques religieuses dans le milieu de l'emploi ou refus du port du hijab).

· Un problème de surqualification pour occuper certains emplois et le problème de la non reconnaissance des diplômes reçus à l'extérieur du Canada et du Québec.

· La stigmatisation médiatique des musulmans.

En revanche, certains répondants, minoritaires, ont opté pour l'adoption des valeurs de la société séculière québécoise en raison de leur socialisation d'origine fondée sur leur éducation familiale et leur culture algérienne/française laïque. Ils rejettent certains interdits religieux et favorisent la mixité pour des raisons civiques et par respect pour les valeurs laïques, ils sont contre l'aménagement d'un lieu de culte dans un milieu de travail, considérant que ce dernier n'est pas le lieu adéquat pour se transformer en une mosquée.

Quant à notre hypothèse secondaire, nos répondants avancent l'idée qu'en raison de difficultés entravant leur intégration, ils font appel à d'autres moyens et dispositions en vue de concréter leur coexistence avec la société québécoise. À partir des sources du droit

89

musulman, le *Coran*, la tradition prophétique (*Sunna*), le consensus (*Al-Ijma*), le raisonnement par analogie (*Al-Kiyas*) et l'effort de réflexion et d'interprétation personnelle et collective *(l'Ijtihad)*, nos interviewés avaient résolu cette situation en demandant conseil, en cas de besoin, à des leaders musulmans, *Imams*, spécialistes des études islamiques et jurisconsultes, etc., afin d'ajuster les préceptes islamiques aux nouvelles circonstances dans lesquelles ils vivent[12]. Pour que l'immigrant algérien actualise son vécu au fur et à mesure à Montréal, il peut se référer aussi au raisonnement par analogie *(Al-Kiyas)*, quatrième fondement de la loi islamique, basée sur la réflexion et l'opinion et servant à déduire une solution d'un cas nouveau par analogie à un cas similaire ancien. Pour une meilleure intégration, et selon les dires de nos participants, les musulmans à Montréal y compris les Algériens ont souvent demandé des éclaircissements religieux auprès des leaders musulmans, ces derniers ont déployé et déploient toujours des efforts dans ce contexte en vue d'aider les musulmans à s'adapter dans leur nouvel environnement. Finalement, nous pensons que ces résultats ont permis de conclure que l'intégration des Algériens à Montréal participe de l'adaptation et de la réinterprétation des normes islamiques en contexte laïque.

---

[12] S'il n'y a pas de réponses à des questions conjoncturelles ni dans le *Coran* ni dans la *Sunna*, le consensus (*AL-Ijma*), troisième source juridique de la *charia* intervient par une unanimité des juristes musulmans dans le but d'adopter des réponses sous forme de décisions, de verdicts et des *fatwas*[12] pour répondre aux besoins des musulmans à propos de leurs nouvelles circonstances actuelles. Nous n'avons pas rencontré ce type de cas dans notre échantillon.

BIBLIOGRAPHIE

Ouvrages méthodologiques

BARDIN, LAURENCE. 1977. *L'analyse de contenu.* Paris: Presses universitaires de France, 291 p.

BEAUD, STÉPHANE, ET WEBER FLORENCE.1998. *Guide de l'enquête de terrain.* Paris: La Découverte, 327 p.

DE BONVILLE, JEAN. 2000. *L'analyse de contenu des médias : De la problématique au traitement statistique.* Paris: De Boeck université, 451 p.

GAUTHIER, BENOÎT, SIMON N ROY, CLAIRE DURAND, ANDRÉ BLAIS, ET JEAN PIERRE BEAUD. 2009. « La structure de la recherche », In *Recherche sociale : De la problématique à la collecte des données,* sous la dir. De Gauthier, Benoît, p. 167-285. Québec: Presse de l'université de Québec.

MUCCHIELLI, ALEX. 1991. *Les méthodes qualitatives.* Paris: Presses universitaires De France. Collection: « Que sais-je ? », 126 p.

MUCCHIELLI, ROGER. 2006. *L'analyse de contenu des documents et des communications.* Paris. Collection : Formation permanente: ESF, 222 p.

------------------------ 1998. *L'entretien de face à face dans la relation d'aide.* Paris : ESF, 144 p.

ANDRÉ D, ET BOUILLAGUET ANNICK. 2007. *Analyse de contenu : Méthodologie.* Paris: Presses universitaires de France, 127 p.

DEGENNE, ALAIN, ET FORSÉ MICHEL. 1994. *Les réseaux sociaux : Une analyse structurelle en sociologie.* Paris: Armand Colin, 288 p.

91

Ouvrages généraux, extraits d'ouvrages et articles de revues,

ABD AL-RAZIQ, ALI. 1994. *L'islam et les fondements du pouvoir*. Trad. De l'arabe par Abdel Malek Anouar. Paris : La découverte, 180 p.

ABOUD, BRIAN. 2000. « Re-reading Arab world immigration history: Beyond the prewar/postwar divide », *journal of Ethnic and migration studies*, numéro 26, p. 273- 653

ABU-LABAN, BAHA. 1981. *La présence arabe au Canada*. Ottawa: Secrétariat d'État Division du multiculturalisme. Ottawa: Cercle du livre de France, 281 p.

AL-ANSARY, ABDOU FILALI. 2002. *L'Islam est-il hostile à la laïcité*. Casablanca: Actes Sud, 143 p.

AL-JABRI, MOHAMED ABED. 1996. *Addine waddaoula wa tatbik acharia* [Religion, État et l'application de la charia]. Beyrouth: Centre des études de l'union arabe, 210 p.

AL-QARADAWI, YOUCEF. 1997. *Al-islam wa al-Ilmania wajhane li-wajh* [L'Islam et la laïcité face à face]. Caire: Bibliothèque Wahba, 216 p.

------------------------ 2003. *La religion à l'époque de la science*. Trad. De l'arabe par Claude Dabbak. Paris : Arrissala, 118 p.

BAUBÉROT, JEAN. 2007. *Les laïcités dans le monde*. Paris: Presses Universitaires de France, 127 p.

------------------------ 2007. *Histoire de la laïcité en France*. Paris: PUF, 127 p.

BASTENIER, ALBERT ET DASSETTO FELICE 1993. « Cycle migratoire, citoyennisation et inclusion » In *Immigration et espace public. La controverse de l'intégration*. P. 234-261, Paris : L'harmattan.

BERGER, PETER. 1971. *La religion dans la conscience moderne*. Trad.de l'anglais par joseph feisthauer, Paris: Centurion. 287 p.

BOSSET, PIERRE. 2007. «Les fondements juridiques et l'évolution de l'obligation d'accommodement raisonnable ». In *Les accommodements raisonnables: quoi, comment, jusqu'où? Des outils pour tous*, sous la dir. Jézéquel Myriam, p. 3-28. Cowansville (Qué.) : Yvon Blais.

BOSSET, PIERRE. 2005. « Réflexion sur la portée et les limites de l'obligation d'accommodement raisonnable en matière religieuse », *Commission des droits de la personne et des droits de la jeunesse*, COM-502-5.1.5 (février), site web, http://www.cdpdj.qc.ca/fr/publications/docs/religion_accommodement_avis.pdf (Consulté le 11 mars 2009)

BROUARD, SYLVAIN, ET TIBERJ VINCENT. 2005. *Français comme les autres ? Enquête sur les citoyens d'origine maghrébine, africaine et turque.* Paris: Cevipof, 157 p.

BIRON JEAN-MARC. 2002. « Présence musulmane et société québécoise » Bulletin *Vivre ensemble* ». Vol. 10, no 37 (été).

DAHER ALI. 2001. « Les événements du 11 septembre et les québécois de religion islamique ». Bulletin *Vivre ensemble*, vol. 10, n° 34, (Automne) p. 4-10

MARC-ANDRÉ, DOWD. 2006. « Accommodements raisonnables : Éviter les dérapages », *Commission des droits de la personne et des droits de la jeunesse*, (Novembre).

DASSETTO, FELICE. 1996. « L'espace public » In *La construction de l'islam européen.* P. 304-319, Paris: L'Harmattan.

EID, PAUL. 2007. « La ferveur religieuse et les demandes d'accommodement religieux : Une comparaison intergroupe », *Commission des droits de la personne et des droits de la jeunesse du Québec* (décembre), site Web,http://www.cdpdj.qc.ca/fr/publications/docs/ferveur_religieuse_synthese.pdf (Consulté le 11 mars 2009)

ÉMARA, MOHAMED. 1988. « Al-Islam wa al-ilmania » [L'islam et la laïcité] Chap. In Al-*Daoula al-islamia bayna al-ilmania wa al-solta a-dinia* [*L'État islamique entre la laïcité et le pouvoir religieux*]. P. 166-193, Caire : Dar Echourouk.

FERJANI, MOHAMED CHÉRIF. 1991. « Islam, laïcité et droit de Dieu » Chap. *In Islamisme, laïcité et droits de l'homme : un siècle de débat sans cesse*, p. 299 368, Paris : L'Harmattan.

GEADAH, YOLANDE. 2007. Accommodements raisonnables : Droit à la différence et non des droits différents. Montréal : VLB éditeur, 94 p.

GEERTZ, CLIFFORD. 1972. *La religion comme système culturel : Essai d'anthropologie religieuse.* Paris: Gallimard, 207 p.

GERMAIN, ANNICK. 2003. « L'aménagement des lieux de culte des minorités ethniques : Enjeux et dynamiques locales », *Institut national de la recherche scientifique. Urbanisation, culture et société.* Montréal (Québec).

HADDAD, YVONNE. 1978. « Muslims in Canada: A preliminary Study ». In *religion and ethnicity. The institute for the humanities*, Waterloo (Ontario): Wilfrid Laurier press. p. 70- 99.

------------------------- 1983. « The impact of the Islamic revolution in Iran on the Syrian Muslims of Montreal, in the Muslims community », In *North America*. Edmonton : University of Alberta press. p. 163-180.

HANAFI, HASSAN. 1990. « L'islam n'a pas besoin de la laïcité occidentale », In *Dialogue du Machreq et du Maghreb*, Trad de l'arabe par Abdou Filali Al Ansary, p. 24-38, Beyrouth : Institution arabe pour les études et la publication.

HELLY, DENISE. 2004. « Le traitement de l'islam au Canada. Tendances actuelles » *Revue Européenne des migrations internationale*, vol. 20, no 1, p. 47-71.

JÉZÉQUEL, MYRIAM. 2003. « Cadre d'analyse juridique en matière d'aménagement ou de reconversion des lieux de cultes par les municipalités du Québec », *étude réalisée pour le compte du CRI*, p. 4

KEPEL, GILLES, ET LEVEAU RÉMY .1988. *Les musulmans dans la société française*. Paris. Ed : Presses de la Fondation Nationale des Sciences Politiques. 202 p.

KEPEL, GILLES. 1987. *Les banlieues de l'islam. Naissance d'une religion en France*, Paris : Le seuil, 423 p.

KHELLIL, MOHAND. 1991. *L'intégration des Maghrébins en France*, Paris : Publications universitaires de France, 182 p.

------------------------- 2004. *Maghrébins de France. De 1960 à nos jours. Naissance d'une communauté*. Toulouse. Ed : Privat. 173 p.

LABELLE, MICHELINE, FRANÇOIS ROCHER ET RACHAD ANTONIUS. 2009. *Immigration, diversité et sécurité, les associations arabo-musulmanes face à l'État au Canada et au Québec*. Québec. Ed : Presses de l'université du Québec. 180 p.

LEMIEUX, RAYMOND ET JEAN-PAUL MONTMINY. 2000. *Le catholicisme québécois*. Sainte-Foy. Ed. : PUL et IQRS.

LEWIS, BERNARD. 1985. *Le retour de l'islam*. Trad de l'anglais par Tina Jolas et Denise paulme, Paris. Ed : Gallimard. 507 p.

MILOT, MICHELINE. 2008. *La laïcité*. Ottawa: Novalis, 128 p.

------------------------ 2010. « Les exigences normatives de l'école laïque au Québec » In *L'École et la diversité. Perspectives comparées.* M. McAndrew et *al* (dir.). Ed. PUL, p. 35-48.

------------------------ 2005. « La laïcité au Québec et en France. Les principes de laïcité politique au Québec et au Canada », bulletin d'*histoire politique*, volume 13, numéro 03, (printemps) p. 13-19

------------------------2002. *Laïcité dans le nouveau monde : le cas de Québec.* Turnhout: Brepols, 181 p.

PENA-RUIZ, HENRI. 2003. « Le mot, le principe, l'idéal » Chap. In *Qu'est ce que la laïcité ?* p. 21-44, Paris : Gallimard.

POTVIN JEAN-MATHIEU. 2004. « Musulmans et citoyens à part entière » Revue « *Vivre ensemble* », Volume 12, No 42 (été)

RAMADAN, TARIQ. 1999. *Être musulman en Europe-Étude des sources islamiques à la lumière du contexte européen.* Paris : Tawhid, 460 p.

------------------------ 2003. *Les musulmans d'Occident et l'avenir de l'islam.* Paris: Simbad / Actes Sud, 383 p.

------------------------ 1998. « L'assimilation, insertion et intégration » Chap. In *Les musulmans dans la laïcité : responsabilités et droits des musulmans dans les sociétés occidentales*, p. 137-189. Lyon : Tawhid.

ROUSSEAU, GUILLAUME. 2006. *La nation à l'épreuve de l'immigration. Le cas du Canada, du Québec et de la France.* Québec. Éd : Québécois, 158 p.

TAHA MAHMOUD, MOHAMED. 2002. *Un islam à vocation libératrice.* Paris: L'Harmattan, 180 p.

TALBI, MOHAMED. 2004. *Plaidoyer pour un islam moderne.* Paris: de l'Aube, 205 p.

------------------------ 2002. *Penseur libre en Islam : Un intellectuel musulman dans la Tunisie de Ben Ali.* Paris: Albin, 421 p.

WOEHRLING JOSÉ.1998. « L'obligation d'accommodement raisonnable et l'adaptation de la société à la diversité religieuse », *Revue de droit de McGill*, Vol. 43, p. 329-336

ZAHRAOUI, AHCÈNE. 1999. « Les pratiques langagières et religieuses ». In *Familles d'origine algérienne en France. Étude sociologique des processus d'intégration.* Sous la dir. de Zahraoui Ahcène, p. 116-148. Paris: L'Harmattan.

ZAKARIYA, FOUAD. 1991. *Laïcité ou islamisme. Les arabes à l'heure du choix.* Paris: La Découverte. 165 p.

Thèses et Mémoires

AHMED, YOUSIF. 1992. «The maintenance of Islamic identity in Canadian society: Religious observance, psychosocial influences, and institutional completeness of the Muslim community in the Canadian national capital region». Thèse de doctorat, Ottawa, Université d'Ottawa, 232 p.

CHARBONNEAU, BLOOMFIELD. 2002. *L'islam en France : De l'image au vécu.* Mémoire de maitrise, Nice, Institut européen des hautes études internationales. 147 p.

DAHER, ALI. 1999. «La construction de l'islamité et l'intégration des musulmans au Québec dans le discours de leurs leaders». Thèse de doctorat, Montréal, Université du Québec à Montréal, 400 p.

MIREILLE, LUX. 1997. «L'intégration vue par des leaders religieux et laïcs de la communauté musulmane au Québec : Entre la cohabitation harmonieuse et l'intégration civique». Mémoire de maîtrise, Montréal, Université du Québec à Montréal, 184 p.

ÉRIC, LE RAY. 1994. «Islam et modernité en Amérique du Nord francophone. Les téléspectateurs de sensibilité musulmane face à la télévision au Québec : Perception, réactions et interprétation. Le cas des membres de la communauté maghrébine au Québec». Mémoire de maîtrise, Montréal, Université du Québec à Montréal, 205 p.

KAREN, CAMPEAU. 1996. «Islam-Occident : Les musulmans et la société québécoise». Mémoire de maîtrise, Montréal, Université du Québec à Montréal, 126 p.

TREMBLAY, STÉPHANIE. 2008. «École, religion et formation du citoyen : Transformation au Québec (1996-2008)». Mémoire de maîtrise, Montréal, 206 p.

Jugement de la Cour Suprême du Canada

COMMISSION ONTARIENNE DES DROITS DE LA PERSONNE *(OMalley)* c. *Simpson-Sears*, [1985] 2 R. C. S., P. 554 et 555.

Avis, documents et rapports gouvernementaux

COMITÉ SUR LES AFFAIRES RELIGIEUSES. 2003. *Rites et symboles religieux à l'école : Défis éducatifs de la diversité*, Avis au ministre de l'Éducation, Québec, gouvernement du Québec, p. 21

GOUVERNEMENT DU QUÉBEC. 2008. *Fonder l'avenir. Le temps de la réconciliation, Rapport intégral Gérard Bouchard Charles Taylor*, Québec : Commission de consultation sur les pratiques d'accommodement reliées aux différences culturelles. 306 p, Site web:
http://www.accommodements.qc.ca/documentation/rapports/rapport-final-integral-fr.pdf
(Consulté le 10 mai 2009)

GOUVERNEMENT DU QUÉBEC. 2008. *Fonder l'avenir. Le temps de la réconciliation, Rapport abrégé Gérard Bouchard Charles Taylor*, p. 53-88, Québec : Commission de consultation sur les pratiques d'accommodement reliées aux différences culturelles, Site web :
http://www.accommodements.qc.ca/documentation/rapports/rapport-final-abrege   fr.pdf
(consulté le 10 mai 2009)

QUÉBEC, MINISTÈRE DE L'IMMIGRATION ET DES COMMUNAUTÉS CULTURELLES. 2006. *Population immigrée recensée au Québec et dans les régions en 2006 : caractéristiques générales. Recensement de 2006*, Québec, gouvernement du Québec, p. 43, site web,
http://www.micc.gouv.qc.ca/publications/fr/recherches-statistiques/Population
immigree-recensee-Quebec-regions-2006.pdf (consulté 20 Avril 2008)

STATISTIQUE CANADA. 1998. « Les religions au Canada, Recensement de 2001 » Série Analyses, Recensement de 2001. Canada, site web,
http://www.statcan.gc.ca/bsolc/olc-cel/olc   cel?catno=96F0030X&CHROPG=1&lang=fra
(consulté le 15 mars 2009)

Conférences et colloques

BAUBÉROT, JEAN. 2008. *La laïcité française.*, département de sociologie, UQAM, (04 février).

MUCCHIELLI, ALEX. 2006. *Les processus intellectuels fondamentaux sous-jacents aux techniques et méthodes qualitatives : 1er Colloque international Recherche qualitative: Bilan et prospective.* (Béziers, 27-29 juin 2006). Université Paul Valéry, Montpelier III

TABLE DES MATIÈRES

www.ingramcontent.com/pod-product-compliance
Lightning Source LLC
Chambersburg PA
CBHW021822270326
41932CB00007B/301